Il Punto G dell'Anima

Ringraziamenti

Il primo ringraziamento va ai lettori che utilizzeranno queste discipline, non solo con finalità personali, ma anche con l'intento di aiutare gli altri.
Un ringraziamento a quanti mi hanno spronato e motivato a scrivere questo libro: allievi, corsisti, operatori e amici.
Un grazie particolare a Bianca per i consigli, a Enrica per le correzioni, a Silvia per l'entusiasmo, a Desirée per le foto, a Rossella per il prezioso confronto.
A Stefano Orio una gratitudine particolare per aver realizzato la copertina.
Ringrazio le mie Guide spirituali per le intuizioni e il costante supporto.
Un grazie alla mia famiglia per la fiducia.
Un ringraziamento particolare a Stefano Benemeglio, padre delle discipline analogiche, mio duplicante regista a sua insaputa.

© Vanni Ligasacchi
2° Edizione riveduta e corretta
giugno 2020
è vietata la riproduzione anche parziale

Vanni Ligasacchi

Il Punto G dell'Anima

Viaggio dentro le emozioni,
a tu per tu con il Bambino interiore

Presentazione di Stefano Benemeglio

Ai miei figli Francesco e Linda

A Marusca per avermi insegnato la felicità nel donare agli altri …

PRESENTAZIONE

di Stefano Benemeglio

E' sempre gratificante constatare negli anni come un allievo possa far proprie le discipline analogiche che gli sono state trasmesse, facendosi a sua volta entusiasta diffusore delle stesse.
Vanni Ligasacchi in questo testo illustra e spiega i percorsi della comunicazione inconscia che favoriscono un approccio alla dimensione emotiva dell'individuo, in una sintesi integrata che associa alla tradizionale informazione verbale anche i linguaggi emotivi non verbali.
La precisa decodifica dei linguaggi inconsci, attraverso i quali l'istanza emotiva comunica ogni giorno esigenze profonde, rifiuti, gradimenti, turbamenti e blocchi emozionali, è la modalità grazie alla quale ognuno può personalmente intraprendere un viaggio dentro le proprie emozioni, superando condizionamenti e barriere logiche, spesso responsabili dei nostri limiti e della nostra infelicità.
La profonda conoscenza dell'Analogica, rappresenta un prezioso strumento di orientamento anche in ambiti più ampi da quello strettamente personale, tantè che queste moderne discipline sempre più spesso trovano spazio di applicazione nelle professioni, nelle aziende e nei contesti di gestione dei gruppi in generale.
In questo senso il lavoro di Vanni Ligasacchi risulta essere nel suo complesso un utile manuale pratico che, completato da testimonianze e racconti reali, facilita notevolmente al vasto pubblico, l'approccio pragmatico a queste nuove e moderne discipline.

INTRODUZIONE

Quando sul finire del 1999, in una fredda e umida mattina d'inverno, arrivai all'istituto di Milano a conoscere di persona Stefano Benemeglio, avevo ormai quasi quarant'anni. Da quel giorno, come una curva a gomito nel destino, la mia vita cambiò radicalmente per sempre. Da quel momento, la consapevolezza del primato delle emozioni sull'agire umano diventò il mio nuovo paradigma.

Nella miriade di tecniche che oggi invadono il mondo, finalizzate al benessere e alla crescita personale, le discipline analogiche, oggetto di questo libro, viaggiano, senza ombra di dubbio, su una fantastica corsia preferenziale sia per la loro efficacia che per la loro essenziale praticità.

Avendo tutti sperimentato nel corso della nostra vita, che le cose "vere" hanno spesso a che fare con verità semplici, l'Analogica può certamente definirsi, fra le discipline scientifiche, quella più immediata e comprensibile a tutti.

Bisogna solo avere la fortuna, come state facendo leggendo queste pagine, di incontrarla sulla propria strada. Statene certi, ve ne innamorerete profondamente e sarà un amore così intenso e profondo, da corrispondervi sempre.

Nell'ampio panorama dei professionisti che si occupano di salute e benessere, alcuni si dedicano alla cura del corpo, altri si occupano della mente e altri ancora si dedicano all'aspetto spirituale dell'uomo; lo psicologo Stefano Benemeglio, padre fondatore delle nuove discipline analogiche, pone il focus su un quarto e ben preciso ambito, necessariamente intercorrelato agli altri tre: quello emotivo.

Grazie alle discipline analogiche l'individuo, utilizzando nuove informazioni e conoscenze, riesce a decifrare legami reali e spesso inconsci fra pensiero e azione, collegamenti profondi fra ragione, ed emozioni, riuscendo a comprendere alla radice i rapporti di causa ed effetto tra blocco emotivo e sintomo, salute e malattia, entusiasmo di vivere e apatia esistenziale.

Un universo, quello delle tecniche analogiche, in grado di svelare, nella sua vasta articolazione, uno straordinario crescendo di affidabilità, rivelandosi come uno dei più efficaci strumenti pratici al servizio della persona.

Benessere e felicità, infatti, dipendono gran parte dalla capacità di comunicare onestamente e senza giudizi o pregiudizi, con se stessi prima ancora che con gli altri, aggirando quei meccanismi posti a difesa proprio delle paure ataviche più profonde, che impediscono il raggiungimento del traguardo di essere fino in fondo se stessi.

La graduale comprensione delle discipline analogiche, sconfigge di fatto il falso primato della logica sui sentimenti, sbaraglia la presunta egemonia della mente "che mente" per citare il titolo di un famoso libro di Osho.

Entrare nel mondo dell'Analogica è uno di quei passaggi che il destino regala all'improvviso e nel bel mezzo dell'assopita quotidianità, squarciandola con lampi di luce, come una nuova passione che ti raggiunge da dietro, travolgente come un'onda d'oceano.

L'Analogica apre come d'incanto la profonda comprensione delle dinamiche del Bambino interiore, fino a condurci alla piena e positiva accettazione di quello che realmente siamo.

Per quelli che già hanno intrapreso questo viaggio, il magnifico risultato è stato quello di riuscire a sradicare l'energia bloccata nelle paure e dirigerla positivamente verso personali traguardi di salute e benessere.

Ad un certo punto della vita, mi è capitato di vivere una relazione fra "Scintille divine" con una donna abusata e manipolatrice. Per chi non ha mai avuto esperienze con persone del genere, è difficile immaginare l'enorme difficoltà che si sperimenta a comunicare con loro in maniera normale e ordinaria, tant'è che bisogna a sua volta imparare a manipolare la comunicazione, per non finire schiacciati o distrutti. Oggi sono nella condizione di riconoscere tutta l'importanza di quell'esperienza vissuta, con il particolare riferimento alla comprensione delle dinamiche emotive e comportamentali associate a situazioni simili di violenza e abuso, e che risultano molto utili nella gestione dei casi di personalità scisse o dissociate.

All'interno delle leggi naturali, l'uomo è certamente un sistema duale, con una mente logica che lo fa ragionare e riflettere e un inconscio emotivo che lo spinge ad agire, amare e soffrire.

Un sistema che deve necessariamente restare in equilibrio, per favorire uno stato di benessere, ma che possiede anche una legge un po' strana: non deve avere forti contrapposizioni, ma nemmeno esserne privo.

Il concetto di benessere infatti, passa necessariamente attraverso una dose equilibrata di tensioni emotive, non certamente, come si potrebbe supporre, dalla loro completa assenza.

Quando la mente impone al cuore le sue scelte, dettate spesso dai doveri, dalla cultura, dalla morale, dalla religione o dall'educazione, comprimendo il nostro sentire, umiliando il nostro "Io Bambino" interiore, ecco che si fa strada e si insinua in un graduale crescendo, il disagio, il turbamento e il problema. Disagio che spesso, nel tempo, sfocia nel sintomo fino al manifestarsi, talvolta, in una malattia vera e propria. Lo psicologo Stefano Benemeglio, con efficacia e determinazione afferma: "Tu non sei malato, sei solo infelice! Impara a comunicare efficacemente con te stesso e con gli altri e vedrai che il problema o il sintomo si risolverà. Lavora sulle cause che hanno prodotto il disagio, non sugli effetti, perché quest'ultimi sono solo l'espressione del tuo problema e del tuo malessere".

Sono anch'io convinto che dietro ogni malattia ci sia un conflitto emotivo con la propria coscienza!!

Abbastanza inusuale è anche il fatto che le discipline analogiche non nascano dalla teoria per poi essere verificate sul campo ma, al contrario, provengano dall'osservazione dei comportamenti e delle azioni umane per venire in seguito catalogate, organizzate e definite nelle loro straordinarie implicazioni.

Il gruppo di allievi e di ricercatori analogici ha nel tempo aiutato il maestro Benemeglio a costruire una straordinaria articolazione concettuale delle discipline, che ogni anno si arricchisce di nuove ed entusiasmanti scoperte.

Gli assiomi introdotti qua e là tra le pagine, poggiano essenzialmente su alcuni efficaci aforismi benemegliani, utili al lettore a ribaltare paradigmi mentali ormai fossilizzati nelle strutture di pensiero.

In questo viaggio nell'inconscio, a tu per tu con le emozioni, in questo modesto contributo alla divulgazione delle discipline analogiche, non c'è tutta la teoria benemegliana, ben inteso, ma solo qualche concetto base per facilitarne l'approccio, o come mi auguro, una sintesi preziosa per quanti, al termine dei seminari, vogliono ritornare sulle nozioni per approfondirne meglio i concetti.

A qualche consulente e facilitatore analogico, le sintetiche esperienze raccontate nel libro, spero possano rivelarsi di una certa utilità nei trattamenti personali di riequilibrio emozionale.

Una raccomandazione, utilizzate sempre queste tecniche solo per il benessere vostro e di chi vi sta vicino. Consapevoli che l'analogica può essere anche una grande arma di potere e di suggestione, non abusiamone mai. E' un grande dono ricevuto, facciamone buon uso e saremo ampiamente ricompensati dalle tante persone che torneranno a sorridere alla vita.

PARTE PRIMA

Per un approccio alle discipline analogiche

Paul Watzlawick, psicoterapeuta austriaco presso il Mental Research Istitute di Palo Alto in America e caposcuola della psicologia analitica alla quale si ispira Stefano Benemeglio, ha fatto un'affermazione che sta alla base delle discipline analogiche: "Non si può non comunicare!". Da qui necessariamente ne deriva che, se anche una persona non parla, con il suo atteggiamento o il suo comportamento, comunica sempre qualcosa. Infatti, a ben guardare esistono diversi livelli di comunicazione, classificati secondo tre livelli: verbale, paraverbale e non verbale.

Il primo consiste nell'insieme delle parole emesse per comunicare; il paraverbale rappresenta il come si sviluppa il verbale attraverso i suoni di riempimento e, in particolare, la voce; il non verbale invece, rappresenta tutto il resto, ossia l'atteggiamento, il gesticolare, l'atmosfera o l'ambiente, ma anche il clima dove il linguaggio del corpo viene recepito a livello inconscio, secondo meccanismi che non sono immediatamente chiari a livello logico.

Esiste una formula chiamata "regola del 7%, 38% e 55%", ovvero il fatto che l'efficacia della comunicazione è determinata per un 7% del contenuto verbale, per un altro 38% del contenuto para-verbale e per un buon 55% del contenuto non verbale.

Dunque, circa il 93% di ciò che si comunica non viene trasmesso attraverso le parole!

Anni di scuola ad ascoltare parole, leggere libri fatti di parole, riflessioni infinite sulla semantica, e nessuno ha mai valorizzato prima d'ora determinanti gesti, segni, pruriti e posture?
Quasi incredibile!

Incominciamo ad osservare
Cosi come nessuno ci ha mai insegnato veramente a guardare. Tutte le volte che ci troviamo di fronte ad una persona che comunica, parla, gesticola e fa movimenti, siamo tendenzialmente abituati a concentrare l'attenzione solo sulle parole che escono dalla bocca e alla comprensione logica del messaggio che sentono le nostre orecchie.

Ma quelle frasi, pronunciate da labbra a volte rosse e turgide, a volte sottili e compresse, potrebbero anche non dire la verità, anzi, potrebbero volutamente distoglierci dalla realtà dei fatti.

Meglio dunque imparare a guardare oltre, oltrepassare l'orizzonte logico in bianco e nero.

Infatti, nemmeno troppo nascosto, c'è un grande arcobaleno che ci parla, ci aiuta a conoscere la realtà spesso nascosta del nostro interlocutore, ci dice delle sue vere intenzioni, dei suoi bisogni.

Basta solo aprire lo sguardo e la nostra attenzione a tutta la sua persona, alla postura, ai movimenti, al suo linguaggio non verbale.

Il nostro inconscio ha un pregio impagabile ed incredibile, cioè quello di dire sempre la verità di ciò che siamo, ciò che pensiamo realmente, delle emozioni che sottendono tutte le nostre azioni.

Si rivela uno sforzo vano e frustrante, concentrare tutta l'energia a livello logico e cercare una comprensione reale, quando tralasciamo di leggere i significati anche di tutto il resto.

Osserviamo meglio! Il nostro interlocutore parlando si gratta il palmo della mano, si tocca un dito o un orecchio, gesticola

esprimendo con le mani un particolare simbolismo? Si muove avanti o indietro facendo certe affermazioni oppure esprime segnali di rifiuto, pur affermando una apparente verità?
Questo dobbiamo fare, cominciare ad osservare. Guardare oltre le parole! Imparare a vedere con occhi nuovi, per aprirci a verità spesso celate o sottese, magari cominciando proprio con l'osservare noi stessi mentre conversiamo, mentre gesticoliamo davanti al nostro interlocutore.
Allenatevi a farlo, quotidianamente, mettetevi seduti comodi in poltrona davanti alla TV, abbassate il volume e godetevi un dibattito o un film, coglierete tante sfumature comunicative, forse mai osservate prima.
Le stesse che nei prossimi paragrafi cercheremo insieme di svelare, per comprenderne i significati.

NON SI MUOVE FOGLIA CHE L'INCONSCIO NON VOGLIA

Tutto è comunicazione
Siamo esseri sociali e siamo portati a comunicare, di conseguenza, tutte le relazioni sono comunicazione. Anche rimanere zitti per tutta la conversazione non ci salva dal bravo osservatore che legge le nostre reazioni, interpreta i nostri stati d'animo, fino a comprenderne bisogni e intenzioni. Ci imponiamo di controllarci al massimo livello? Basta che qualcuno alzi tono della voce o crei una tensione attraverso un gesto inaspettato per farci perdere il pieno controllo della comunicazione.
Il corpo cambia postura, ha pruriti e grattamenti in risposta ad una tensione ricevuta e non c'è controllo che tenga, dipende solo dall'intensità della tensione che ci investe.

Stimoli, tensioni e bisogni inconsci, vengono espressi in continuazione, inondano le nostre e altrui giornate, appena al mattino mettiamo il naso fuori dal letto.

La scienza del comportamento umano è certamente un ambito di studio della psicologia classica, ma la lettura del linguaggio non verbale, l'interpretazione dei simboli emotivi, la codifica dei ruoli in ambito comunicativo e relazionale, spettano senz'altro alle discipline analogiche che si caratterizzano come scienza della comunicazione.

Le discipline analogiche, in sostanza non sono psicologia e nemmeno psicoterapia, sono essenzialmente tecniche di comunicazione.

Concentriamoci su un fatto evidente. La mente aiuta a riflettere, l'emotività ci spinge ad agire. La nostra parte logica ci riserva ore ed ore, se non addirittura giorni interi passati a pensare prima di decidere la scelta giusta. Arrendetevi, sarà poi solo l'emozione sottesa alla scelta, che infine ci spingerà ad agire, liberandoci spesso da una situazione di sofferenza.

Se scegliamo l'amante soffriamo perché perdiamo la moglie; se scegliamo la moglie soffriamo perché perdiamo l'amante; se non scegliamo soffriamo perché entrambe ci hanno messo con le spalle al muro. L'una perchè ha scoperto la nostra relazione e l'altra perchè ci chiede di guardare alla nuova passione e ad un nuovo futuro insieme. Siamo in posizione ortostatica rispetto alla situazione. Siamo costretti a scegliere una strada, dobbiamo farlo ma ci sentiamo bloccati!

Ecco allora che l'Analogica ci viene incontro per toglierci da questa situazione di ansiosa sofferenza. L'Analogica, attraverso i suoi insegnamenti, ci aiuta ad utilizzare il dialogo con la nostra parte emotiva, ci facilità la scelta in sintonia con il nostro sentire, in accordo con il nostro "IO BAMBINO" interiore. E' sempre lui, in fondo, che decide sulle nostre scelte, lo fa a volte a nostra insaputa ma lo fa, eccome! E' sempre lui che decide la cosa giusta per noi,

basta sapere come interpellarlo, in che modo riuscire a sentirne "la voce" e le sue preziose risposte.
L'Inconscio ci fa ripartire e ci sblocca, in buona sostanza ci dà la forza per agire indipendentemente dal valore morale o dal giudizio per la scelta effettuata.
Il compito di noi formatori analogisti consiste proprio nel facilitare l'azione nelle situazioni personali bloccate dalla riflessione. L'analogista ci da come un calcio nel sedere per farci ripartire sulla strada della vita: pochi incontri di consulenza, nessuna dipendenza, lo sblocco emotivo e via, tanti saluti e baci.
La finalità dei nostri strumenti è principalmente quella di aiutare a migliorare la comunicazione con se stessi e con gli altri. I risultati sul campo dimostrano a più livelli che tutto ciò porta ad un maggior benessere nelle persone e ad uno sblocco dei vincoli che precludono il successo nella vita. Cosa chiedere di più?
Vogliamo un aiuto nella gestione delle nostre personali dinamiche emotive? Magari anche strumenti risolutivi per governare le nostre più profonde paure? Aggiungiamo pure uno schema per comprendere le dinamiche esistenti dietro le maschere che tutti indossiamo per nasconderci? E poi ancora, non contenti, chiediamo pure di conoscere il quadro esaustivo delle tipologie di personalità emotiva di tutti gli individui del mondo?
Ebbene sì, Benemeglio, dedicando la sua vita a questi studi, ci ha dato tutto questo e lo troveremo raccontato, in maniera spero semplice e comprensibile, nei prossimi paragrafi.

LA LOGICA AFFERMA CIO' CHE L'INCONSCIO NEGA

Comunicare con noi stessi
Cominciamo a guardare noi stessi. Come ci muoviamo? Come gesticoliamo? Facciamo segni e gesti mentre

parliamo? Prima dobbiamo assolutamente imparare a comunicare efficacemente con noi stessi, riconoscendo le proprie emozioni espresse nei linguaggi non verbali e solo poi, otterremo buoni risultati anche nella comunicazione con gli altri, non il contrario. Comprendere dove ci auto inganniamo, dove la nostra mente ignora o nasconde le nostre più profonde esigenze, dove agiscono i nostri meccanismi di difesa che bloccano il nostro approdo alla felicità e alla serenità, saperli decomprimere, equilibrare, disinnescare, questa è la polpa del saper comunicare con noi stessi.

Benessere analogico
Quello che noi analogici definiamo benessere personale, detto in termini molto semplici, è l'equilibrio fra esigenze logiche ed emotive, fra mente e cuore. Con parole analogiche le giuste proporzioni tra Pathos e Reattività.
In presenza di un disequilibrio, noi viviamo disagi, piccoli turbamenti che possono diventare nel tempo, veri e propri problemi, fino a formare tensioni fisiche, psichiche ed emozionali, anticamere spesso di sintomi e malattie vere e proprie.
Mantenere questo equilibrio è dunque un obiettivo delle discipline analogiche.
Un equilibrio che non è assenza di disagio, attenzione! Non è assenza di emozioni, non è assenza di sentimenti o risentimenti. Benessere è equilibrio di questi elementi secondo valori che impareremo a conoscere più avanti nella lettura.
Già, ma come facciamo a sapere dove sta il nostro problema, il tasto sul quale intervenire?
Non sempre questo ci è chiaro, conclamato.
Ecco che ci viene in aiuto, e direi in maniera determinante, uno strumento meraviglioso scoperto da Stefano Benemeglio.

Se a Sigmund Freud, padre della psicanalisi, viene riconosciuta la scoperta dell'inconscio, a Stefano Benemeglio deve essere attribuito certamente il merito di essere stato il primo studioso al mondo a trovare il modo di interloquire e parlare con il "Bambino interiore".

Nessuno prima di lui c'era riuscito, nè Freud, né Ericson Milton, nessun altro; se non è da Nobel questa scoperta, cos'altro è?

Per noi suoi allievi, Stefano Benemeglio merita ben più della nostra stima e considerazione.

Eppure basta mettersi in posizione eretta, piedi leggermente divaricati e braccia rilassate lungo il corpo, lasciando la mente libera da pensieri e chiedere a voce alta: "Caro Io Bambino, vero o falso che io mi chiamo Vanni?" (Voi ovviamente pronuncerete il vostro di nome!). Ebbene, scopriremo in pochi attimi, il corpo oscillare in avanti spontaneamente e senza il minimo sforzo di volontà, come se da dentro qualcuno ci spingesse.

Vogliamo la conferma a riprova? Basta pronunciare la stessa frase cambiando il nome con un altro qualsiasi e non significativo e avremo la doppia sorpresa che il corpo comincerà inevitabilmente ad oscillare, questa volta all'indietro.

Ecco, abbiamo sperimentato il linguaggio del SI e del NO tipico del nostro inconscio.

Ora, evitiamo la frenesia di porre subito altre domande al Bambino interiore del tipo: "Sono innamorato della mia compagna? Voglio cambiare lavoro? Calare di peso? E' la paura dell'abbandono che mi vincola?" Rischiamo di ottenere risposte che spesso ci stupiranno. Pazientiamo ancora un poco, è un consiglio serio, le risposte ottenute potrebbero cambiarci la vita per sempre perché da quel momento "Non potremo più non sapere" e la nostra auto coscienza, giorno dopo giorno, farà il resto del lavoro.

Un percorso interiore costante, perenne, capace di trasformarci nel cuore, in ogni cellula, fino a giungere là dove la vostra spiritualità si annida sovrana, nel DNA non chimico.! In quello spazio "vuoto" che la scienza insiste a chiamare DNA spazzatura, ma che in realtà è la sede della nostra Coscienza.

CIO' CHE È OBIETTIVO PER LA PARTE LOGICA, È SOLO STRUMENTO PER L'INCONSCIO

I 4 pilastri dell'uomo
Nei quattro ambiti che formano la persona umana: fisico, psichico, emozionale e spirituale, abbiamo già compreso dove si collocano le discipline analogiche. Il fatto però che tutto è collegato e tutto si interseca, questo lo avevamo già capito da tempo con l'esperienza. Se facciamo al corpo un massaggio su un punto particolare di un meridiano, possiamo sbloccare un evento traumatico emozionale del passato e magari toccare e risolvere un aspetto che a livello psichico faceva soffrire. Tutto è collegato, siamo un UNO, compresa la nostra sfera spirituale che spesso si intreccia con i nostri cicli karmici.

Campi di applicazione
A tutti noi risulta abbastanza semplice allontanare un amico indesiderato e sganciarlo dalle nostre relazioni. Anche sbattere la porta e cambiare direzione da un datore di lavoro cinico e insopportabile potrebbe non essere impossibile, anche se può risultare già più difficile che allontanare un amico. Perfino da un partner violento o che ha perso la volontà di amarci può essere difficile staccarsi, ma non certo impossibile.
Ma i figli e i genitori, quelli sì, è veramente impossibile disconoscerli, mandarli, come si dice, "a quel paese", cioè ucciderli simbolicamente, freudianamente parlando.

In questo tipo di relazioni diventa necessario, se non indispensabile, trovare assolutamente soluzioni ai conflitti esistenti. Trovare modelli e strategie di comunicazione efficaci, al fine di rafforzare questi legami e spegnere o stemperare conflitti dalle conseguenze deflagranti.
I campi di applicazione dove l'analogica risulta efficace coprono a 360 gradi gli ambiti di tutta la comunicazione:

➤ relazione con se stessi
➤ relazione genitori – figli
➤ relazioni affettive e di coppie
➤ relazioni in ambito lavorativo
➤ relazioni interpersonali

CHI CHIEDE È PERDENTE, CHI SA OTTENERE È VINCENTE

Aggancio e sgancio
Quando parliamo di legami, di rapporti o di relazioni, l'Analogica si esprime in termini di aggancio o di sgancio verso situazioni, idee, cose o persone.
Nelle relazioni di aggancio, ci poniamo l'obiettivo di ottenere assenso e consenso.
Non nascondiamoci dietro un dito. Tutti noi investiamo il nostro tempo e le nostre energie per appagare i nostri bisogni, materiali e spirituali, ma anche i nostri desideri e le nostre più recondite esigenze emozionali. Ecco perché la comunicazione analogica tende a parlare di aggancio e di sgancio dal nostro interlocutore.
Fin dal primo incontro fra due persone, si parte sempre da una situazione di sostanziale indifferenza.
Poi, può avvenire l'aggancio: prima con la simpatia, con una certa sintonia, o il reciproco interesse, in un crescendo che a volte sfocia in un'unione, forse fino alle affinità elettive e

magari alla tanto sospirata simbiosi. Se non c'è aggancio, invece, ci si perde di vista, ci si dimentica, si ritorna reciprocamente nel limbo dell'indifferenza originaria.

Questa è sinteticamente la dinamica, per cui cercheremo di comprenderne le logiche, o per meglio dire, nel nostro caso, le "analogie" che sottendono, sia alle tecniche di aggancio che a quelle di sgancio, nel caso la situazione coinvolgente, sia ritenuta negativa se non addirittura distruttiva.

Comunicazione non verbale
Una prima utilità della Comunicazione non verbale è quella di fornirci informazioni sullo stato emotivo dell'interlocutore. Ogni affermazione fatta con la parola è, infatti, sempre una risposta controllata dalla razionalità. La parola può anche esprimere ciò che non si pensa, ma ciò che ci vuol far credere. Oppure, esprime una convinzione senza che la parte istintiva, che muoverà poi le azioni, sia allineata. La comunicazione non verbale consente un controllo di qualità, perché l'inconscio dice "sempre la verità"! A quel punto noi possiamo decidere liberamente se "Agganciare" o meno l'interlocutore.

CHI GRATIFICA SARA' PENALIZZATO, CHI PENALIZZA SARA' GRATIFICATO

Stimolare le tensioni
Per sollecitare segnali di risposta dal nostro interlocutore, necessariamente dobbiamo prima stimolare con graduali tensioni la comunicazione.
Ogni segnale e quindi ogni stato d'animo provato dall'interlocutore, è da intendersi sempre in relazione a ciò che l'ha causato.
Un bravo operatore analogico, per dirla tutta, e' colui che lancia stimoli e provoca reazioni, osserva il non verbale, crea

e opera per distonia, utilizza la comunicazione base o alterata e la conoscenza delle tipologie analogiche di personalità emotiva, aggiungendo a queste, l'utilizzo dei sigilli per agganciare e ottenere così l'assenso e il consenso ricercato.
I tipi di stimoli prodotti si possono classificare:

- PROSSEMICA   > Gestione degli spazi
- CINESICA   > Gestione dei movimenti
- DIGITALE   > Gestione dei toccamenti
- PARALINGUISTICA   > Gestione dei suoni e rumori
- SIMBOLICA   > Gestione del simbolismo comunicazionale

PER L'INCONSCIO E' VERO SOLO CIO' CHE COINVOLGE

La classificazione dei segnali non verbali
I segnali non verbali, in senso ampio sono tutto ciò che non è strettamente logico.
A noi interessano in particolare tutti quei segnali che ci informano in tempo reale sullo stato emotivo della persona. Teniamo ben presente che il termine "Tempo reale" sta a significare che l'inconscio reagisce ad uno stimolo o tensione entro il tempo di circa un secondo. Non perdetevi il riscontro dunque e tenete gli occhi ben aperti, se volete cogliere il significato di tutti i segnali non verbali espressi.

Essi si distinguono in
➤ Segnali di TENSIONE
➤ Segnali di GRADIMENTO
➤ Segnali di RIFIUTO
➤ PRURITI e GRATTAMENTI

Lo scarico tensionale
Quando siamo in presenza di una persona, utilizzando una conversazione capace di toccare i punti distonici, otteniamo certamente segnali di gradimento o di rifiuto, oppure scarichi tensionali evidenziati da pruriti e grattamenti. Quando rileviamo uno scarico tensionale, ancora non conosciamo il tipo di emozione sollecitata, se positiva o negativa, sappiamo però di aver toccato un tasto significativo e lì continuiamo ad insistere. L'interlocutore attento, saprà cogliere tali segnali, amplificandoli fino ad ottenere gradimenti, oppure chiudendo il discorso in caso di rimandi negativi. La stimolazione non è mai neutra e ha il potere di coinvolgere sempre la parte emotiva del nostro interlocutore.

Segnali di gradimento
- Bacio analogico, cioè protendere le labbra a mò di bacio
- Accarezzamento delle labbra
- Mordicchiamento delle labbra
- Suzione di un dito o di un oggetto
- Accarezzamento dei capelli
- Variazione del corpo in avanti (del tronco o di un piede se seduti)
- Avvicinare gli oggetti sul tavolo verso il proprio corpo
- Linguino, cioè esporre la lingua durante la conversazione
- Linguino affettivo se espresso sul labbro inferiore, sessuale se espresso sul superiore
- Toccarsi l'orecchio
- Allargare braccia e gambe nella conversazione

Segnali di rifiuto
- Raschiare la gola parlando significa che l'inconscio non è d'accordo con quanto si afferma.
- Strofinare il naso con movimento trasversale equivale ad un no, adesso
- Toccare il naso con movimento ad espellere equivale ad un no, mai

- Spostare il corpo indietro equivale a una negazione
- Deglutire la saliva significa argomento che tocca sofferenze, blocchi emotivi
- Spazzolare il vestito o togliere un pelucco è come rifiutare l'argomento, non volerne parlare
- Allontanare da sé gli oggetti equivale a non essere d'accordo.
- Guardare in alto è una negazione

Altri significati
Esistono poi altri segnali indicanti tensione emotiva che, un attento osservatore, cercherà di captare per comprendere lo stato emotivo dell'interlocutore.
Sono il sorriso nervoso, la deglutizione salivare, la fuga dello sguardo, l'irrigidimento o contrazione della mascella, la respirazione accelerata o affannosa, la riduzione del tono della voce, il rossore, il pallore, la tachicardia, l'iper sudorazione, l'accapponamento della pelle, il blocco della secrezione salivare, il tremore.
Qui sotto sono riportati altri segnali molto importanti che esprimono bisogni e disagi, vediamoli insieme:

- Grattarsi dentro il palmo della mano: interesse economico, fare soldi
- Grattarsi sopra il palmo della mano: preoccupazione economica, perdere soldi
- Girare l'anello rappresenta una carenza di tipo affettivo
- Scorrere su e giù l'anello equivale ad una carenza di tipo sessuale
- Togliere l'anello e giocherellarci equivale a esprimere la crisi in una relazione sentimentale
- Toccarsi l'orecchio destro nel destrimane: disponibilità sessuale indotta dall'interlocutore, ma destinata ad altri
- Toccarsi l'orecchio sinistro nel destrimane: disponibilità sessuale verso lo stesso interlocutore

- Toccarsi l'orecchio in una persona mancina, stessi significati, ma invertiti
- Toccarsi il lobo dell'orecchio: disponibilità affettiva, voglia di coccole
- Inserire il dito nell'orecchio: disponibilità alla penetrazione sessuale
- Toccarsi dietro l'orecchio: desiderio di trasgressione oppure omosessualità latente
- Aprire le narici: difficoltà o desiderio ad assaporare la vita
- Tono alto della voce: bisogno di sottolineare i contenuti della conversazione
- Afonia della voce equivale ad un forte coinvolgimento emotivo
- Grattarsi il braccio o tirar su le maniche è segno di reattività o aggressività
- Sollevare leggermente la gonna o aprire la gamba o il piede: apertura e disponibilità
- Abbassare la maglietta durante un discorso: paura a rivelare cose intime
- Toccarsi le ascelle è collegato alla situazione economica, al portafoglio
- Toccarsi il polso: problemi sull'autorealizzazione o lavoro
- Nella donna la forma degli orecchini rappresenta simbolicamente quella che lei è
- Nella donna la forma del pendente nella catenina rappresenta il simbolo desiderato dagli altri.

Imparare a guardare, osservare, captare segni e simboli durante la conversazione, diventa uno strumento fondamentale non solo per l'apprendista analogista ma per tutti quanti desiderano migliorare la propria comunicazione con se stessi e con gli altri.
Comprendere questo incredibile linguaggio, magari cominciando proprio a osservare se stessi, cogliendo pruriti, simboli e grattamenti che naturalmente nella conversazione

esprimiamo, ci faciliteranno nella comprensione di chi siamo, dei nostri reali bisogni e di cosa veramente vogliamo dagli altri.

Consiglio di sperimentare l'apprendimento dei segnali non verbali, per un periodo di tempo di almeno tre settimane, con più persone al giorno, preferibilmente iniziando da quelle con le quali non esiste uno stretto rapporto emotivo.

Verso e Inverso
C'è anche un altro concetto di fondo che va premesso per entrare sempre meglio nel mondo analogico. Questo concetto riguarda il postulato del Verso e dell'Inverso.
Essi sono la differenza tra la realtà penalizzante vissuta (Inverso) e la realtà gratificante che vorremmo vivere (Verso). Sono le due facce di una stessa medaglia. L'inverso è ad esempio il padre che abbiamo, il verso, il padre che avremmo voluto avere. Il partner che abbiamo e quello ideale che vorremmo avere.
Verso ed inverso giocano un ruolo fondamentale nel comportamento emotivo e non è così semplice da spiegare. Per fare un altro esempio, diciamo che trovata una fonte emotiva, poniamo la paura dell'abbandono, durante il riequilibrio emozionale andremo a decomprimere gli episodi in cui la persona è stata abbandonata come inverso, oppure gli episodi dove è lei che ha abbandonato, come verso.
Ogni emozione, ogni paura, ogni sigillo, devono sempre essere letti come due aspetti conviventi: quello del verso e quello dell'inverso. Senza l'uno non esiste l'altro.

SE NON TI AGGANCI CON IL VERSO, TI AGGANCI CON L'INVERSO

La Distonia

Si definisce distonia, quello spazio tra due estremità, rappresentato dalla differenza tra ciò che una persona è, contrapposta a quello che vorrebbe essere, e tra ciò che una persona ha e quello che vorrebbe avere.
In questo spazio c'è tutta la differenza che passa tra le nostre esigenze ed il loro appagamento. Tra queste due estremità ci sono i nostri disagi, turbamenti, sintomi e problemi che talvolta poi sfociano nel sintomo e, nei casi più gravi come abbiamo già detto, nella malattia.
Per noi analogisti in questo caso, l'approccio al disagio è veramente particolare. L'analogica non combatte mai il sintomo come approccio al problema ma ne cerca le cause a monte. Sono cause che spesso giacciono nel rimosso di ognuno di noi, messe in un sacco nero e rinchiuse al buio in cantina.
La distonia di ogni singolo individuo, si può ricavare dalla lettura della sua tipologia, come può essere riconosciuta in qualsiasi contesto comunicativo.
Il distonico dell'Essere, come vedremo tra breve, ama essere penalizzato con parole, gesti e comportamenti che gradualmente lo agganciano all'operatore capace appunto di penalizzarlo adeguatamente. L'Essere ama desiderare il suo oggetto di desiderio, non vuole possederlo, perché al momento che lo realizza, la tensione emotiva si scioglie come neve al sole, facendo venir meno il suo interesse, il suo coinvolgimento emotivo.
All'opposto, il distonico Avere ama possedere, subito e immediatamente il suo Oggetto di desiderio, non vuole aspettare, odia essere penalizzato, al contrario gradisce chi lo gratifica. A differenza del distonico Essere, il distonico Avere ama i toni e la musica dolce.
Le persone che vivono come emozione positiva, come espressione di gradimento, la sensazione di possesso, sono Distonici dell'Avere; le persone che vivono come emozione

positiva, come espressione di gradimento, la sensazione di desiderio, sono Distonici dell'Essere.
A questo proposito è interessante approfondire l'aspetto distonico nella sua origine.
Infatti, un distonico Essere è una persona che ha un vincolo, una difficoltà al possesso, per cui si coinvolge nel desiderare. In sostanza, il distonico Essere non possiede abbastanza ciò che desidera. Viceversa, un distonico Avere è una persona che ha un vincolo, una difficoltà al desiderare, per cui si coinvolge nel possedere. L'Avere cioè non desidera abbastanza ciò che possiede.
Un'utile scoperta, da considerare ai fini pratici nella comunicazione interpersonale, è tener conto del fatto sorprendente che circa il 90 % delle persone viventi risultano al test, distoniche dell'Essere.
Quindi, nell'approccio comunicativo finalizzato all'aggancio del nostro sconosciuto interlocutore, l'atteggiamento generale e prevalente, dovrà caratterizzarsi da forti connotazioni penalizzanti e da una graduale non disponibilità al possesso.

IL DISTONICO DELL'ESSERE RENDE DIFFICILE IL FACILE ATTRAVERSO L'INUTILE

IL DISTONICO DELL'AVERE RENDE FACILE IL DIFFICILE ATTRAVERSO L'ESSENZIALE

I punti distonici
I nostri problemi, i nostri disagi e turbamenti, trovano tutti collocazione necessariamente in uno dei punti distonici qui sotto elencati o, per meglio dire, in almeno una delle aree della nostra vita.
I punti distonici sono così classificati:
 - Famiglia d'origine (mamma e papà)

- Rapporti affettivo - sentimentali
- Rapporti seduttivo – sessuali
- Autorealizzazione – lavoro - hobby
- disturbi dell'emotività o del comportamento

Risulta veramente interessante al proposito, sottolineare come in maniera semplice e immediata, possiamo risalire al nostro punto distonico responsabile del disagio o della sofferenza avvertiti.
Il nostro Io Bambino, chiede e vuole da noi essenzialmente soltanto "Stima e Considerazione".
Per cui basta mettersi in piedi ad occhi chiusi e chiedere al proprio inconscio, su quale dei cinque punti distonici ha più bisogno di stima e considerazione, considerando che sono elencati in ordine di importanza e priorità.
Definito il punto distonico interessato, diventiamo consapevoli di qual è l'ambito dove la nostra sofferenza o disagio trovano origine. Con tutta una serie di ulteriori e appropriate domande, possiamo poi definire anche le modalità con le quali portare stima e considerazione rispetto alle nostre esigenze emotive frustrate.
I distonici Essere e Avere, hanno una serie di caratteristiche che li contraddistinguono, utilizzabili nella efficace gestione della comunicazione interpersonale.
Durante la lettura degli elenchi che seguono, teniamo conto che tali caratteristiche possono essere più o meno evidenti e pregnanti per ogni persona.

Il distonico essere
- Ha la tendenza ad assumere un ruolo passivo
- E' attratto dalle penalizzazioni nel rapporto di 4:1 con le gratificazioni
- Si coinvolge con il desiderare l'oggetto della comunicazione.
- Tende a manifestare come reazione all'aspettativa frustrata, il senso di colpa

- Ama il cambiamento, è sempre in cammino
- Si coinvolge nell'ideale futuro, nella prospettiva, nel progetto
- Il pathos per lui è la conquista non il conquistato
- Gradisce i toni duri, ritmati, incalzanti
- Ama soffrire
- Tende a dare amore per avere sesso
- E' turbato e vincolato a possedere perchè non sa gestire il possesso
- Si aggancia con una graduale non disponibilità al possesso dell'Oggetto di desiderio

Il distonico avere
- Ha la tendenza ad assumere un ruolo attivo
- È attratto dalle gratificazioni nel rapporto di 4:1 con le penalizzazioni
- Si coinvolge con il possedere l'oggetto della comunicazione
- Manifesta come reazione all'aspettativa frustrata il risentimento verso gli altri
- Ama la stabilità e come l'edera, dove si attacca muore
- Si coinvolge nel presente immediato, nel qui e ora, nell'adesso
- Il pathos per lui è il possesso non l'aspettativa
- Gradisce i toni dolci, caldi, uniformi
- Ama il piacere
- Da sesso per avere amore
- E' turbato e vincolato a desiderare perchè non sa gestire il desiderio
- Si aggancia con una graduale disponibilità al possesso dell'Oggetto di desiderio

QUANDO L'APPAGAMENTO CORRISPONDE ALL'ESIGENZA, NON AVVERTIAMO ALCUNA TENSIONE EMOZIONALE. A QUEL PUNTO, IL SIMBOLO CHE CI HA CREATO L'AGGANCIO, È DESTABILIZZATO

Le regole dell'inconscio
L'inconscio non ha moltissime regole, ma quelle poche esistenti sono solide e certe. Innanzitutto l'inconscio non dà risposte articolate, conosce solo il codice del "Si-No", oppure "Vero o falso".
Se l'inconscio una cosa la desidera oppure non la gradisce, crea nel nostro corpo una immediata reazione, sotto forma di ondulazione, che lo fa spostare in avanti per il consenso o indietro per il dissenso.
Tali movimenti a volte impercettibili, ma comunque evidenti anche ad un occhio poco esperto, avvengono con immediata coincidenza al concetto o parola espressi. Una persona attenta, focalizza sempre l'attenzione sul movimento del corpo appena percepisce nel discorso, una parola significativa o una frase che crea tensione emotiva.
L'inconscio inoltre, non distingue il bene dal male, non giudica con la morale, non guarda all'etica, ma privilegia sempre e solo l'intensità dell'emozione, sia essa positiva sia negativa. Più è forte ed intensa l'emozione e più è affascinato da essa. Questo fatto risulta particolarmente evidente nelle persone fortemente traumatizzate, come in caso di abusi, violenze o forti situazioni di sofferenza. Qui la coazione a ripetere, cioè la tendenza a rivivere situazioni che ripropongono le stesse intense emozioni originarie, si rivelano nei comportamenti di accettazione di violenze ed abusi.
Infine, come determinante strumento di riesumazione dei traumi inconsci, l'Io Bambino interiore ricorda e rivela fatti

ed esperienze fino a quel momento del tutto rimossi. Nelle sedute di riequilibrio emozionale, quando si arriva a definire anno, personaggi e circostanze causa del trauma, la persona spesso rivela logicamente di non ricordare chiaramente l'evento, che invece l'inconscio, durante il setting, elabora e ricorda addirittura con dettagli, come colori, suoni e immagini, molto particolari e significativi.

Il simbolismo comunicazionale

Lo psicologo Stefano Benemeglio, tra le sue innumerevoli ed innovative scoperte, ha anche dato al mondo intero una strabiliante rivelazione: tutte le persone viventi, alle quali viene avvicinato al viso il simbolo di un'asta, di un cerchio o di un triangolo hanno, a secondo del simbolo proposto, una naturale oscillazione in avanti o indietro del loro corpo.

Quando il movimento è di repulsione e il corpo sente una naturale spinta ad indietreggiare, man a mano che il simbolo si avvicina al viso, sta a significare che rispetto a quel simbolo e a tutto ciò che esso rappresenta, noi siamo reattivi.

Se invece il nostro corpo percepisce una naturale spinta in avanti su un determinato simbolo, con un movimento che prosegue man mano il segno si allontana dal viso anche per di metri, sta a significare che tutto ciò che rappresenta quel determinato simbolo piace, attira, è gradito al nostro Inconscio o "Io Bambino" come a noi piace chiamarlo.

Test analogico di personalità emotiva

Nel mondo siamo ormai quasi sette miliardi di persone: ognuno diverso e particolare, nessuno uguale ad un altro. Eppure, se sottoponiamo le persone al test analogico di personalità, scopriamo che tutti rientrano in due categorie: quelli respinti dal simbolo dell'asta o quelli respinti dal simbolo del triangolo.

Mettiamo in piedi una persona in posizione ortostatica, cioè a occhi aperti, braccia rilassate lungo i fianchi e gambe leggermente divaricate, in modo che ogni scarico tensionale percepito, possa esprimersi solo con un'oscillazione in avanti o indietro del corpo. Fatto questo poi, ad una distanza dal viso di circa un metro, facciamo scorrere verso il naso una figura geometrica, che possiamo formare anche con le dita delle mani, prima a forma di triangolo, poi a seguire a forma di asta. Vedremo che con uno dei due simboli, la persona si sentirà spingere all'indietro, in misura evidente come a rifiutare l'energia di quell'elemento simbolico.

Il test lo si può eseguire anche da soli, ad occhi chiusi, visualizzando in sequenza le due figure all'orizzonte che, man mano si avvicinano al viso, si ingrandiscono di dimensione.

Vediamo adesso alcuni dei principali significati di tale movimento.

Indipendente dal sesso di appartenenza, chi viene respinto dalla figura del Triangolo, ha una struttura energetica corrispondente e simile a quella del genitore di sesso femminile. Tale struttura emotiva si definisce "Soggetto Triangolo", conflittuale madre o struttura materno protettiva, in quanto il soggetto, si sente simile al genitore di sesso femminile, pur essendo conflittuale con lei, più che con il padre.

Come spiegheremo meglio in seguito, in questo caso la madre assumerà il ruolo di genitore istituzionale, mentre il padre risulterà il genitore buono e trasgressivo, classificato tale dal figlio/a in quanto non conforme al ruolo di genitore che avrebbe voluto avere.

A differenza di altre discipline, nella classificazione analogica, le stesse energie si respingono.

Chi invece viene respinto dal simbolo dell'Asta, avrà una struttura energetica corrispondente al genitore di sesso maschile e verrà definito "Soggetto Asta", conflittuale padre o struttura "paterna indicativa" in quanto la persona si sente simile al padre, pur essendo con lui conflittuale. In questo caso, il padre risulterà il genitore istituzionale, mentre la madre assumerà le vesti del genitore buono e trasgressivo, classificata tale dal figlio/a in quanto non conforme al ruolo di genitore che avrebbe voluto avere.

Il simbolismo analogico, permette di classificare se stesso e gli altri in categorie omogenee definite "Tipologie analogiche di personalità emotiva". Ciò consente, una volta riconosciute, di acquisire dalla persona, informazioni relative al suo carattere, comportamento, vissuto emotivo, con la finalità di rendere ottimale la comunicazione interpersonale.

Il simbolismo comunicazionale è un linguaggio emotivo che, come un canale privilegiato, è capace di offrire chiavi di accesso simboliche ai sistemi mentali dell'individuo.

Il simbolismo emotivo si esprime attraverso segni e gesti geometrici, oppure mediante aggettivi e sostantivi, facenti parte del simbolismo logico associato a quello comportamentale.

Questo però non è tutto, anzi! Benemeglio ha scoperto come il simbolo che attira in avanti, triangolo (mamma) o asta (papà), oltre a corrispondere al nostro genitore buono e trasgressivo, corrisponde anche a quello che noi analogisti definiamo lo "Stimolatore penalizzante" in quanto penalizza appunto la parte logica, ma che invece piace tanto al nostro inconscio, in quanto fonte di stimoli e tensioni emotive. Ma non è ancora finita qui!

Migliaia di test effettuati su individui anche appartenenti a nazioni geograficamente distanti, hanno permesso di scoprire e confermare che esistono valori cosiddetti "del benessere", misurabili e determinabili in base alla distanza dal viso, dove l'energia dei due simboli viene percepita. Fantastico!

Di conseguenza, diventa intuitivo supporre che, più un simbolo viene misurato a distanza non conformi da quelle del benessere e più sarà facile diagnosticare la quantità di sofferenza o di risentimento vissuta dalla persona.

Se concettualmente il simbolo dell'Asta rappresenta il riferimento oggettuale maschile e il triangolo, quello femminile, per completare la triade genitoriale, dobbiamo

anche postulare la presenza energetica di un terzo simbolo, quello del Cerchio a rappresentare l'individuo stesso.
Per la comprensione di questo ulteriore simbolo, rimandiamo il lettore ai paragrafi successivi.

CHI "RASCHIA" NON RISCHIA E CHI RISCHIA NON "RASCHIA"

Asta, Triangolo e Cerchio
Asta, Triangolo e Cerchio sono i significanti simbolici dei livelli energetici della persona. Essi sono il ponte comunicazionale fra la psiche e l'inconscio e ci consentono di interpretare molti significati delle emozioni vissute dall'individuo.

I simboli diventano espressione delle tensioni emotive vissute negli atti di comunicazione non verbale e si evidenziano attraverso gesti, posture, toccamenti e caratteristiche personali. Tutti gli individui li esprimono e ognuno ne utilizza almeno uno prevalentemente, quello corrispondente alla sua energia, alla propria tipologia.

Il simbolismo dominante riflette dunque la tipologia di appartenenza delle persone e permette di classificare gli individui secondo caratteristiche sia emotive che comportamentali.

Dalla struttura emotiva di ognuno, discende infatti uno stile di comportamento particolare, una propensione specifica nel relazionarsi agli altri, un singolare atteggiamento nel ruolo assunto nelle relazioni. La nostra struttura emotiva diventa determinante anche nella scelta dei legami amorosi!

Durante il test analogico di personalità, ognuno di noi definisce la propria simbologia energetica.

La conoscenza del simbolo di appartenenza, permette di riconoscere quei comportamenti che ci coinvolgono o ci sganciano, ci consente di porci nel ruolo più adatto nella comunicazione interattiva, ci facilita quando serve, nell'assumere il controllo o la difesa emozionale nelle relazioni degeneranti.

Queste conoscenze, oltre ad avere un forte impatto sugli altri, sono allo stesso tempo, strumenti utili ad individuare le proprie propensioni individuali, sono un ottimo strumento per farci assumere efficaci ruoli operativi, all'interno dello spazio relazionale.

Per visualizzare questi concetti, può essere utile riassumerli in un semplice schema:

ASTA = Padre
TRIANGOLO = Madre
CERCHIO = Se stessi

Dei tre simboli richiamati, solo uno ha il potere di attirare spontaneamente in avanti il nostro corpo e tale simbolo rappresenta quindi, nella sua architettura concettuale, tutto ciò che ci coinvolge e ci aggancia emotivamente.

Per facilitare la comprensione delle dinamiche, i simboli vengono anche classificati secondo il ruolo emotivo svolto, anche qui sinteticamente riassunto:

Simbolo GRATIFICANTE = RESPINGE
Simbolo ALIMENTATORE = RESPINGE
Simbolo PENALIZZANTE = ATTRAE

Il simbolo alimentatore
L'Alimentatore esprime ciò che noi siamo e quindi corrisponde a uno dei due simboli che ci respingono. Si identifica nel simbolismo che viene espresso in prevalenza dalla persona. E' il simbolismo sul quale il soggetto esprime un rifiuto. Una volta identificato ci indica come NON dovremo comportarci con lui e quindi eviteremo di porci in modo simile. Indica in sintesi il ruolo prevalentemente assunto dalla persona che lo incarna.

Il simbolo gratificante
Il Gratificante è il simbolismo che respingendoci, esprime le caratteristiche dell'elemento appagante, ciò che è capace di ridurre la nostra tensione emotiva. È il simbolismo espresso nel momento in cui il soggetto subisce un eccesso di tensione e necessita di ridurla. È il comportamento corrispondente che non genera tensioni e quindi genera pochissime risposte non verbali. Va inserito nella comunicazione quando comunichiamo con un soggetto già troppo caricato di eccessive stimolazioni. E'sempre utile a ridurre la tensione e a calmare le situazioni di stress.

Il simbolo penalizzante
Lo Stimolatore Penalizzante è quel simbolo che ci attrae e che rappresenta il comportamento capace di creare coinvolgimento emotivo. Viene espresso dal soggetto in stato di carenza di stimolazione.
È il simbolismo sul quale il soggetto esprime un gradimento. Rappresenta il comportamento col quale possiamo creare coinvolgimento emotivo. Ci indica anche in che tipo di relazioni può incastrarsi felicemente l'individuo.

LE COMBINAZIONI SIMBOLICHE

GRATIFICANTE	●	■	▼	●	▼	■
ALIMENTATORE	▼	●	■	■	●	▼
PENALIZZANTE	■	▼	●	▼	■	●

Tipologia asta
La tipologia ASTA rappresenta la figura paterna. Ha una personalità indicativa, prevaricante e accusatrice. Evidenzia i limiti dell'interlocutore in tono critico. Non da soluzioni ai problemi (Es. se non sei capace a fare i compiti, arrangiati!). Ha una tattilità diretta e toccamenti puntiformi. Usa termini come: lungo, rigido, duro, introdurre, entrare ecc. Il corrispondente sessuale è il membro maschile. Si esprime spesso attraverso il dito indice alzato e movimenti rigidi delle mani, ma anche attraverso l'auto contatto del viso con un dito alzato, la stretta di mano a premere su un dito, la punta del piede alzata, l'abbraccio con piccole pacche sulla schiena all'interlocutore.

Tipologia triangolo
La tipologia TRIANGOLO rappresenta la figura materna. Ha una personalità protettiva, materna, condiscendente, avvolgente. Anche se indica limiti e divieti, si propone come sostitutiva per la soluzione dei problemi. Ha una tattilità morbida e avvolgente, una carezza a palmo aperto. Usa termini come: elastico, aperta, profonda, tenerla stretta, allargarla, ecc. Il corrispondente sessuale è la vagina. Quando parla posiziona spesso le dita o le mani come a formare un triangolo. Esprime la propria tipologia emotiva anche attraverso il contatto del viso con la mano a palmo pieno, la punta del piede abbassata, l'abbraccio con uno sfregamento sempre a carezza e a palmo pieno.

Tipologia cerchio
La tipologia CERCHIO rappresenta invece la persona stessa. Tende ad avere una personalità prescrittiva, anche se suadente; un comportamento indicativo ed assertivo, indicante limiti e divieti e consiglia possibili soluzioni alle quali però, non partecipa mai alla loro verifica. Ha toccamenti e una tattilità a tenaglia con prese circolari. Usa

termini come profondo, oscuro, largo, ampio, canale, trattenere, sforzarsi, ecc. Il corrispondente sessuale è l'ano o il sedere. Si esprime spesso con le dita tipo"OK", o le mani a formare un cerchio. La stretta di mano è a palmo incurvato, il piede spesso tende a disegnare cerchi nell'aria ed a roteare su se stesso e abbraccia l'interlocutore con una presa delle spalle o delle braccia a mò di tenaglia.

SIMBOLI MONOVALENTI

DITA A TRIANGOLO

DITA AD ASTA

DITA A CERCHIO

SIMBOLI MONOVALENTI

SOGGETTO TRIANGOLO

SOGGETTO ASTA

SOGGETTO CERCHIO

TOCCAMENTI

A TRIANGOLO   AD ASTA   A CERCHIO

AUTOCONTATTO

A CERCHIO   A TRIANGOLO   AD ASTA

Fotografia emotiva
Noi tutti amiamo fare fotografie e selfie. Ci piace fotografare ogni cosa ritenuta preziosa e interessante, immortalare noi e gli altri per custodire nei ricordi, i nostri momenti più intimi.
Quando guardiamo una fotografia, rivediamo persone amate o soggetti sconosciuti, contesti particolari o situazioni solo apparentemente dimenticate.
Nessuno però fino ad oggi, avrebbe mai immaginato si potesse fare una fotografia alla persona e ricavare informazioni in merito al suo stato di benessere o malessere, in merito alle sue sofferenze, disagi o traumi.
Attraverso il test analogico di personalità, andando a misurare la distanza dal viso e quindi la posizione dei tre simboli su un asse energetico immaginario, noi possiamo ricavare informazioni sul suo stato di benessere di chiunque, fino al punto di riuscire a definire sia la quantità di sofferenza provata che la profondità del disagio vissuto.
Vediamo come ciò avviene in dettaglio.

La retta del benessere
Dopo aver testato sul campo migliaia di casi, Benemeglio e il suo gruppo di ricerca, hanno verificato che le persone con un elevato livello di serenità e di benessere, avevano in comune alcune caratteristiche costanti e ben evidenti.
Proviamo anche noi a fare questo test, questa fotografia emotiva, magari ad un amico curioso e disponibile.
Invitiamo il nostro amico a mettersi in piedi, braccia rilassate lungo il corpo in posizione ortostatica. Partendo da un metro di distanza dal suo viso, facciamo scorrere verso gli occhi, avanti e indietro, le nostre mani a formare prima una figura raffigurante il simbolo del Cerchio, poi una con il Triangolo e infine, con il dito alzato, la forma dell'Asta.
Vedremo con un certo stupore che il nostro amico, naturalmente e senza sforzo, comincerà ad oscillare indietro con uno o anche due simboli e in avanti con il terzo.

La scoperta straordinaria è stata rilevare come le persone che si dichiaravano serene, felici e senza rabbia o rancori in corpo, avevano i tre simboli posizionati perfettamente sempre alle stesse distanze dal viso e precisamente: a 30 cm il simbolo asta o triangolo come Reattività; a 70 cm asta o triangolo come Pathos; a 40 cm il simbolo del cerchio quando la persona, come comprenderemo più avanti, avrà assunto una tipologia egocentrica.

Questa disposizione dei simboli meccanicistici sull'asse energetico, rappresentano dunque quella che gli analogisti definiscono la retta del benessere emotivo.

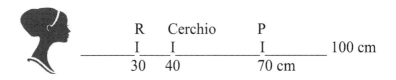

```
          R    Cerchio      P
          I    I            I           100 cm
          30   40           70 cm
```

Pathos e Reattività

I due elementi che definiscono in misura straordinariamente efficace il nostro attuale benessere o malessere sono definiti rispettivamente Pathos (P) e Reattività (R).

Come una medaglia a due facce, il piacere e la sofferenza sono i due elementi complementari che formano il Pathos, mentre i risentimenti verso gli altri e senso di colpa, sono i due elementi che compongono la Reattività.

Questa medaglia rappresenta la nostra energia libidica.

Il Pathos è la percezione emotiva del piacere e della sofferenza, mentre la Reattività è l'identificazione riflessiva del senso di colpa, della rabbia e del risentimento verso gli altri.

Il Pathos corrisponde al simbolo che ci attira in avanti e rappresenta tutto ciò che noi emotivamente desideriamo.

Viene definito anche Stimolatore penalizzante, perché penalizza la nostra parte logica ma rappresenta, nei suoi significati emotivi e simbolici, ciò che gratifica l'inconscio, ciò che aggancia la nostra parte analogica, ciò che ci coinvolge emotivamente.

Viceversa, l'elemento simbolico che ci respinge rappresenta la nostra Reattività e coincide con lo stimolatore gratificante, perché gratifica la nostra parte logica, ma penalizza quella emotiva. Anch'essa crea coinvolgimento emotivo sotto forma di reattività.

La reattività è formata da rabbia, rancori, risentimenti quando è orientata verso gli altri, ma si trasforma in sensi di colpa, quando è auto attributiva, cioè rivolta verso noi stessi.

Il Pathos e la Reattività sono i due elementi opposti che uniti formano il turbamento della persona. Il dolore ed i rancori, il piacere ed i sensi di colpa, formano, come un cappuccino, il turbamento emotivo della persona.

Il Pathos è utile all'individuo per percepire l'Oggetto di desiderio in una idea, in una cosa o in una persona. Detto semplicemente, il Pathos permette all'individuo di trasformare idee, cose e persone, da oggetti neutri e senza significato, a simboli significativi su cui porre delle aspettative.

Un oggetto si definisce significativo quando genera nell'individuo un bisogno a seguito di una aspettativa frustrata, quindi non appagata, ma rigenerata.

Il bisogno è la consapevolezza di uno stato di necessità. Per essere tale è necessario che si creino due eventi fondamentali: l'identificazione oggettiva del bersaglio (simbolo) e l'aspettativa non appagata (vincolo) e quindi rigenerata (penalizzazione). L'aspettativa frustrata, attiva, per reazione, l'istanza logica dell'individuo e i suoi naturali meccanismi, sia di difesa che di offesa. Tale reazione si manifesta tramite la Reattività come rigenerazione dell'esigenza precostituita da parte dell'Oggetto di desiderio. Essa si può esprimere con la mortificazione personale

generante il senso di colpa o con la rabbia e il rancore verso il prossimo, generante il risentimento.
Per quanto riguarda gli aspetti analogici orientati al nostro benessere, quello che però ci interessa davvero, è capire in una persona qual è l'elemento egemone.
La persona che sta vivendo disagi o turbamenti, da quale emozione è governata? Sta comprimendo i suoi sentimenti oppure i suoi risentimenti?
Pausa di riflessione ...
Ma se l'oggetto di desiderio in origine era neutro, poi noi stessi lo abbiamo trasformato in oggetto significativo per il piacere e le emozioni che tempo fa ci procurava, ne deriva allora che il risentimento di oggi è solo... sentimento bloccato che non scorre più?

L'INCONSCIO A CACCIA DI EMOZIONI, NON FA DISTINZIONE TRA UN MATRIMONIO E UN FUNERALE

Guardiano di Porta e Mastro di Chiavi
Il Guardiano di Porta (G.P.) e il Mastro di Chiavi (M.C.), sono rispettivamente, emblemi istituzionali e trasgressivi che rappresentano due diverse qualità, degli elementi che compongono l'ipotetico asse energetico dell'Individuo. I G.P. e i M.C. possono essere idee, cose o persone con cui l'Individuo imposta relazioni simbiotiche, significative.
L'elemento "significativo" consuma il proprio "potere" per conquistare l'egemonia all'interno del sistema mentale dell'Individuo lottando con il suo elemento opposto. L'egemonia di un elemento sull'altro determina la gestione del problema e di tutti i dinamismi relativi.
Il potere non va solo conquistato, ma anche tutelato da pericoli interni ed esterni tendenti ad attribuire forza

all'elemento opposto minoritario, per detronizzare così l'elemento maggioritario.
Per esercitare la difesa "l'elemento maggioritario" utilizza tutte le armi e i mezzi a sua disposizione, compresi gli strumenti subliminali analogici, in modo da abbattere il pericolo dell'elemento rivale.
Sia il G.P., sia il M.C., giocano, quindi, una partita senza esclusione di colpi.
L'obiettivo è la gestione dell'Individuo e delle sue esigenze.
La costante lotta, comporta il reciproco utilizzo di meccanismi di difesa e di offesa, definiti Sigilli e tendenti a difendere o conquistare un ruolo prioritario. La trattazione di questo argomento, trova maggiore spazio e completezza quando analizzeremo più avanti l'argomento specifico dei Sigilli.

Genesi della conflittualità
Con la nozione di Distonia abbiamo acquisito l'informazione di cosa sia un'esigenza emotiva e cosa comporta il suo mancato appagamento. Il problema o il disagio che noi viviamo è appunto una mancanza di equilibrio tra esigenza e appagamento.
C'è un concetto fantastico dell'analogica, uno splendido assioma che ci fa comprendere in profondità le potenzialità di questa disciplina: "Quando l'appagamento corrisponde all'esigenza vissuta, non avvertiamo più alcuna tensione emozionale e quindi il Simbolo è destabilizzato".
Questo concetto la dice lunga sui rapporti apparentemente in crisi per mancanza di stimoli.
Non è vero a volte che manca l'amore, semplicemente, avendo basato il rapporto sulle "farfalle nella pancia" man mano appaghiamo i nostri desideri, svanisce la tensione emotiva associata e il nostro sogno d'amore non ci sembra più tale. Lo abbiamo noi stessi destabilizzato appagando totalmente i nostri desideri!! Mettiamo quindi sempre un po' di miele rigenerante dentro il vasetto!

Dove nascono i problemi
Guardiamo adesso all'interazione che esiste tra problemi, vincoli e comunicazione.
Innanzitutto nel metodo, l'analogista si fissa sulle cause del problema e mai sugli effetti che ne sono l'espressione. Per far questo evidentemente, è necessario saper comunicare con se stessi in profondità, al fine di individuare i turbamenti che stanno alla base dei nostri stessi disagi.
Ogni vincolo o problema, ha un origine nel passato definita Turbamento Base (TB) o Antefatto, che corrisponde al nostro trauma originario, generalmente rimosso. Tale Turbamento Base, seguendo una coazione a ripetere, definita "Ciclo analogico del problema", si incarna, dopo un certo tempo, in un oggetto, idea, cosa o persona del presente che ne impersonifica le dinamiche emotive, diventando quello che definiamo Turbamento Relativo (TR) o Fatto, emotivamente e analogicamente collegato al Turbamento Base.
Il problema vissuto, con il suo vincolo che lo accompagna, è abbastanza semplice da inquadrare: a volte lo ricaviamo dalle frasi e concetti che una persona esprime nel dialogo, oppure in una comunicazione informale dove il punto dolente emerge fra una parola e l'altra.
Infatti, prima o poi l'arcano mistero è costretto a rivelarsi o sotto forma di battuta "fra le righe", o come concetto espresso non nel giusto contesto comunicativo.
Dice un riuscito aforisma benemegliano: "La lingua batte sempre dove il dente duole" per cui basta mantenere costante l'attenzione all'ascolto dell'interlocutore e, in modo esplicito o fra le righe, troveremo sempre lo spunto per inquadrare il suo disagio o il suo problema.
C'è però di più. Nelle dinamiche analogiche delle persone, accade qualcosa di strano e allo stesso tempo di meraviglioso. Nella realtà del vivere quotidiano, non siamo noi in verità a scegliere le esperienze appaganti o le relazioni

rigeneranti il turbamento, ma è esattamente il nostro vincolo a farlo. La causa del malessere, infatti, sta esattamente nel vincolo che governa il problema, non altrove. Ecco perchè diventa fondamentale comprendere come gestire le energie emotive sottese ai vincoli, invece di subirle.

Esiste una dinamica esemplificativa al riguardo. Se l'Io bambino ritiene che l'oggetto di desiderio sia "cattivo", è lui stesso che chiude il coinvolgimento emotivo con la situazione, ma se viceversa, è solo la parte logica che ritiene inadeguato l'oggetto di desiderio, mentre l'Io bambino continua a desiderarlo, si forma come un cortocircuito nella persona che come conseguenza, inizia ad avvertire problemi legati all'emotività o al comportamento. Tutte le volte che la parte logica prevarica quella emotiva, nasce sempre una reazione problematica a livello inconscio. Il benessere come sintesi equilibrata fra ragione ed emozioni, apparentemente sembra essere lo scontato obiettivo della nostra quotidianità, ma guardando meglio, la realtà del nostro vissuto racconta però qualcosa di molto diverso.

Pathos che la Reattività sono entrambi presenti in noi, però capita spesso, nelle diverse fasi della vita, che uno dei due coefficienti energetici, tenda a discostarsi dal punto di equilibrio creando una serie di disagi, più o meno importanti, nell'universo emozionale dell'individuo.

La dinamica risulta abbastanza semplice nelle cause: una eccessiva compressione e non espressione della reattività, per sua natura tende a bloccare l'amore (Pathos), così come una eccessiva compressione e non espressione del risentimento porta a bloccare automaticamente la rabbia (Reattività).

Se il Pathos regna sovrano, ci anestetizza la Reattività; se viceversa la Reattività domina la nostra mente, ci sentiamo anestetizzati nei sentimenti. Per star bene con noi stessi e con gli altri, dobbiamo riequilibrare questi due elementi emotivi, secondo i valori della retta del benessere che abbiamo già conosciuto. Si tratta adesso di capire come fare.

Classificazione dei problemi
Abbiamo definito "Inverso" le caratteristiche di una realtà ineluttabile e "Verso" le caratteristiche della realtà ideale che vorremmo vivere. Il verso tende alla rigenerazione dell'esigenza emotiva, l'inverso tende al suo appagamento. Se il valore di un simbolo sull'asse energetico risulta appagato si definisce decompresso. Più noi siamo sensibili e reattivi ai valori simbolici espressi lontano dal viso, più essi stanno a significare che la compressione dei nostri sentimenti o dei nostri risentimenti, è vincolata nella sua naturale espressione.
Questo è un concetto importante, infatti, è appunto la compressione, cioè la mancata espressione delle esigenze emotive, sotto forma di sentimenti o risentimenti, che creano il turbamento emotivo e di conseguenza, il nostro disagio.
Per sentirsi equilibrati, sereni e nel pieno del benessere emotivo, il simbolo che ci respinge, cioè la misura della nostra Reattività, dovrà necessariamente posizionarsi a circa 30 centimetri dal viso, mentre il simbolo penalizzante che ci attira, cioè il Pathos, dovrà collocarsi a una distanza maggiore, esattamente a 70 cm dal viso.
Se non troviamo questi valori, significa che abbiamo uno scompenso energetico necessariamente da riequilibrare. Ma andiamo avanti, facendoci aiutare dalla matematica e definiamo altri parametri.
Quando la somma dei coefficienti di P+R è di circa 100 cm, (Range 90-110) il problema si definisce Originario o Conservativo e la persona ha sempre logicamente chiara la causa che sta all'origine della sua sofferenza, per cui cerca di gestirne sia le azioni/reazioni, che gli effetti.
Se la somma dei due coefficienti però risulta maggiore o minore a questo valore, il problema viene classificato come Artificiale o Sintomatico. In questa ultima situazione, la persona non riesce logicamente a definire la relazione di

causa-effetto rispetto al suo problema e quindi non è nella condizione di definire l'origine della sua sofferenza: soffre, ma non sa perché soffre. Ad esempio, ha l'ansia, ma ne conosce la causa.

Se il Pathos è maggiore della Reattività (P>R), la persona vive governata dai sentimenti, compressi e non espressi e tende ad avere comportamenti compulsivi in qualche ambito della quotidianità. Quando l'individuo vive questo tipo di problemi, oltre a misurarne la distonia attraverso il riconoscere il Pathos come maggioritario, vedremo che la stessa persona tende a promuovere il suo problema, parlandone spesso ed in continuazione. Tale condizione viene definita punta narcisistica di tipo nevrotico.

Se è invece è la Reattività ad essere maggiore del Pathos (R>P), la persona vive governata soprattutto dalla mente razionale, è iper logica, ha tendenze eccessive al controllo di se stessa e del mondo esterno, con un frequente e spesso abbinato atteggiamento di negazione della realtà e dei fatti ad essa collegati. Quando si vivono questo tipo di situazioni emotive, oltre a misurarne la distonia attraverso il riconoscere la Reattività come maggioritaria, vedremo che la stessa persona tende ad avere comportamenti coercitivi e a nascondere agli altri il suo problema, evitando di parlarne nelle relazioni. Tale condizione viene definita punta narcisistica di tipo psicotico.

Se in una persona domina il carattere compulsivo, sarà portata alla trasgressione perché vivrà una spinta istintuale forte e una motivazione logica debole. Se invece in una persona domina il comportamento coercitivo, l'individuo sarà portato alla riflessione logica, avrà una spinta istintuale debole e una motivazione logica forte.

Diffidate sempre nelle relazioni, da chi esprime una Reattività eccessiva, voi magari vi approcciate in maniera onesta e sensibile, ma rischiate di ricevere in cambio, azioni e promesse dettate più dalla mente logica che dal cuore!

Grazie al pollice!

Una persona serena, si trova spesso con Reattività e Pathos ben equilibrati. Però, se ci facciamo caso, vedremo che spesso tenderà ad agganciarsi ai nostri discorsi ed a condividere le nostre scelte con più o meno entusiasmo, in base a criteri che classificheremo o più logici o più emotivi.

Poniamo il caso di incontrare una donna bellissima e, desiderosi d'amore vogliamo conquistarla. Dopo qualche incontro la simpatia reciproca è sbocciata per cui la vogliamo stupire, offrendole un week-end in una meravigliosa località balneare.

Lei è restia, giudica affrettata la nostra voglia di intimità. Cosa facciamo per agevolarne il consenso? Le parleremo di mare, tramonti, pleniluni e viali profumati, oppure sottolineeremo gli aspetti della presenza di una splendida SPA, di servizi eccellenti, di cibi deliziosi e cioè tutti aspetti materiali meno romantici ma più logici e pratici? Ebbene, guardiamole il pollice della mano, la risposta può trovarsi proprio lì!

Facciamoci caso, quando uniamo e incrociamo le mani, tendiamo sempre a mettere lo stesso pollice, o destro o sinistro, sopra l'altro. Proviamo ad invertire ... non ci viene naturale, non lo facciamo mai vero?

Bene, adesso proviamo a fare un applauso scrosciante a piene mani. Qual è la mano che batte? La destra batte sulla sinistra e siamo destrimani o la mano sinistra batte sulla destra e siamo mancini?

Ecco, se la vostra bellissima donna risulterà destrimane e il suo pollice superiore sarà quello sinistro, allora la fata dei nostri sogni risulterà maggiormente sensibile agli aspetti romantici come fiori e poesie. Se invece il pollice superiore sarà il destro, insisteremo col sottolineare la qualità del servizio, la raffinatezza dei vini, la bellezza del percorso benessere, evitando scrupolosamente di divagare troppo sul tramonto della luna citando a memoria Baudelaire o Guccini.

Non dimentichiamoci però la regola: se qualcuno è mancino, la magia del pollice si inverte!

I LIMITI DELL'OPERATORE ANALOGICO SONO LE SUE PERSONALI ESIGENZE

Cosa vogliono da me?
La persona pilota sempre sugli altri la propria esigenza emotiva dovuta al bisogno indispensabile di appagare la distonia, le proprie esigenze emotive.
Le discipline analogiche hanno sviscerato in lungo e in largo questo ambito, arrivando a decifrarne sia i contenuti concettuali che la loro espressione corporea.
Il bisogno è la consapevolezza dello stato di necessità: scaturisce come abbiamo già detto, dalla combinazione esistente tra l'esigenza che si è costituita ed il possibile appagamento. Così come il bisogno è sempre e comunque un disagio emotivo, avvertito dall'individuo nel momento in cui un'aspettativa precostituita viene frustrata da un vincolo.
Ogni qualvolta l'individuo avverte un bisogno, un disagio, un problema, automaticamente si attivano, secondo l'ottica della logica, gli elementi definiti gratificanti, quindi riducenti la tensione e gli elementi, definiti penalizzanti, quindi amplificanti la tensione.
Tali elementi interagiscono tra loro all'interno del sistema, sino a fondersi in una nuova identità, oggetto dell'inevitabile scontro tra Pensiero Logico e Pensiero Analogico, tra Essere e Avere, tra il Desiderio e Possesso, tra Risentimento e Sentimento, tra Odio e Amore.
Così come un fenomeno mentale dell'uomo si esprime in un disagio o in un bisogno che, amplificandosi, può trasformarsi in un problema, così ogni problema diventa l'espressione di un sistema mentale che si è alterato. Esso, lo ripetiamo

ancora, trova sempre origine da un desiderio non appagato o da un appagamento non desiderato.
Con il tempo, l'aspettativa frustrata, si amplifica trasformandosi in disagio, sino ad assumere le dimensioni di un bisogno di difficile soluzione. Ciò detto, ogni persona riflette inevitabilmente i propri bisogni sugli altri, secondo alcune categorie emotive.
Proviamo a farci caso quando incontriamo qualcuno.
Proviamo ad ascoltare la sensazione che ci rimanda. Ci sembra una persona che riflette un ruolo istituzionale o invece un ruolo trasgressivo? Osserviamolo nella postura, nel modo di vestire, nel rappresentarsi a noi, trasmette una naturale antipatia o a pelle lo percepiamo come piacevole e stimolante?
Si tratta di un maschio o di una femmina? Già, perché per ogni soggetto incontrato, ci saranno reazioni diverse, stimoli variabili che rifletteranno appunto, la nostra profonda esigenza emotiva.
Più avanti parleremo dei Sigilli, paure che bloccano l'azione e condizionano i nostri agganci emotivi.
Prima però, dobbiamo addentrarci ancora un po' nella giungla delle dinamiche analogiche, fino a risalire all'origine, al perché siamo sensibili a certi stimoli emotivi e non ad altri.
Venite con me a stupirvi del meraviglioso mondo delle tipologie analogiche di personalità emotiva.

IL VERSO E L'INVERSO, IN CONTRAPPOSIZIONE, GENERANO IL CONFLITTO CHE GENERA IL TURBAMENTO, CHE GENERA IL PROBLEMA, CHE GENERA IL SINTOMO, CHE GENERA LA MALATTIA...

Le tipologie analogiche di personalità emotiva

Abbiamo visto che l'uomo identifica se stesso in funzione dei propri disagi, nel senso che percepisce la propria esistenza, in virtù dei problemi scaturiti nella fase infantile o adolescenziale, all'interno della famiglia d'origine.

"All'inizio, per il bambino, era solo amore incondizionato" sostiene Benemeglio, poi nel corso dello sviluppo, le prime aspettative frustrate cominciano a generare disagi, turbamenti e problemi.

Il trauma originario, definito "Turbamento Base" che analizzeremo meglio in seguito, è la causa originaria del nostro problema che, con la sua straordinaria energia emotiva, determina le successive dinamiche relazionali, analogicamente intrecciate e correlate.

Come ormai sappiamo, se l'individuo oggi vuole possedere, è perché nel Turbamento Base ha troppo desiderato. Se invece oggi vuole desiderare, è perché nel Turbamento Base ha troppo posseduto, in termini di amore, coccole e latte materno.

Inoltre, nei primi mesi e anni di vita, sarà naturale per il bambino riconoscere istintivamente, in uno dei due genitori, quello "meno buono" diciamo così, quello che impersonifica il "fantasma cattivo", definito correttamente: "Genitore Conflittuale".

Riconoscimento soggettivo che genera nel bambino la costituzione del Simbolo causa, all'origine della sua conflittualità.

Sia esso Asta o Triangolo, il simbolo che ci respinge impersonificherà il corrispondente genitoriale conflittuale.

Presente - Assente

Le discipline analogiche classificano l'Individuo in diverse tipologie analogiche di personalità emotiva che, come avremo modo di comprendere, si costituiscono in base al personale e singolare vissuto emotivo esperienziale, fin dall'origine del rapporto parentale nella propria famiglia d'origine.

Dunque, la conflittualità vissuta con il "genitore causa", determina la figura genitoriale conforme al simbolo che ci respinge. Diciamolo meglio ancora una volta, siamo conflittuali con la mamma se ci respinge il simbolo del triangolo, siamo conflittuali con il papà se ci respinge l'Asta.

La tipologia originaria però, non si definisce solo dalla conflittualità espressa con il genitore causa, ma si arricchisce di altri simbolismi, correlati al primo.

Il bambino o bambina che sia, nelle prime fasi della vita, ha essenzialmente quattro possibilità di identificare inconsciamente il proprio disagio e la propria sofferenza. Anche questo aspetto è altrettanto soggettivo per ognuno di noi.

Queste possibilità si indirizzano verso un papà troppo presente iperaffettivo, oppure troppo assente anaffettivo; o verso una mamma troppo presente iperaffettiva, o troppo assente anaffettiva.

Va sottolineato, a scanso di equivoci, che la troppa presenza o assenza, vissuta come disagio dal bambino, non dipende affatto dal tempo che i genitori passano in sua presenza. Dipende solo dalle necessità del piccolo correlate al loro soddisfacimento.

Infatti, può capitare che una figura genitoriale sia molto presente nel rapporto col figlio, ma lo stesso figlio viva una forte sofferenza, perché vorrebbe il genitore ancora più presente.

Il miracolo della scoperta benemegliana delle strutture di personalità emotiva comincia a prendere forma e va a distinguersi anche per il sesso di appartenenza dell'individuo come lo schema sotto riportato per le strutture genitoriali:

nel bambino maschio:
    papà troppo assente: struttura del figlio Reattività Asta e Pathos Cerchio;

mamma troppo presente: struttura del figlio Reattività Triangolo e Pathos Asta;
nella bambina femmina:
papà troppo presente: struttura della figlia Reattività Asta e Pathos Triangolo;
mamma troppo assente: struttura della figlia Reattività Triangolo e Pathos Cerchio.

Strutture genitoriali
Le personalità emotive che abbiamo appena definito, si definiscono strutture genitoriali e sono correlate meravigliosamente anche a quella che abbiamo già in precedenza definito distonia Essere o Avere.

Abbiamo verificato come alla nascita, le esigenze primarie di sopravvivenza del nascituro, si trovano nella condizione di non essere soddisfatte automaticamente, come invece avveniva nella vita prenatale.

Tali esigenze, in base al possibile appagamento (riduzione), o alla possibile rigenerazione (amplificazione) del bisogno, creano una percezione emotiva di piacere o di sofferenza e, quindi, il bisogno appare come una vera e propria distonia esistente tra esigenza e appagamento. Tutto questo nasce dalla presa di coscienza dello stato di necessità scaturito da una frustrazione dell'aspettativa, causata da una fonte stimolante o da un oggetto di desiderio.

L'Individuo percepirà così l'ambiente, di volta in volta, gratificante o penalizzante, in funzione dell'appagamento e della rigenerazione del proprio bisogno. Nella propria mente, identificherà così un Simbolo definito Appagante e un Simbolo definito Rigenerante presente nell'ambiente.

Un fatto curioso, che certamente non sarà sfuggito ai lettori più attenti, è la postulata mancanza alla nascita di alcune strutture genitoriali di base. Studi successivi confermano che il formarsi di tali strutture analogiche mancanti nel primo periodo dopo la nascita, si formano solo in seguito a causa di ulteriori sofferenze vissute (alterazione). Analizzando lo schema delle strutture sotto riportato, vediamo che il bambino maschio non soffre per un papà troppo presente o per una mamma troppo assente; a la bambina tende a non soffrire per una mamma troppo presente o per un papà troppo assente. Curioso vero?

Maschio:
papà troppo presente: (Reattività Asta e Pathos Triangolo);
mamma troppo assente: (Reattività Triangolo e Pathos Cerchio);

Femmina:
papà troppo assente: (Reattività Asta e Pathos Cerchio);
mamma troppo presente: (Reattività Triangolo e Pathos (Asta).

Un tratto estremamente evidente dell'emotività, nelle persone con struttura genitoriale, che per altro potrebbe anche non evolvere mai nel corso della vita in strutture egocentriche, è la loro affidabilità.

Chi mantiene una personalità genitoriale, senza evolvere nell'egocentrismo, lo deve essenzialmente alla capacità di calibrare molto bene e senza eccessiva sofferenza, i conflitti e i traumi scaturiti o vissuti nello stretto contesto familiare.

Tali soggetti tendono ad essere generalmente persone semplici e serene per loro natura, e il loro ambito relazionale è determinato soprattutto dai ruoli e dinamiche caratterizzanti la relazione in diade, come vedremo meglio in seguito. Queste strutture, seppur numericamente minoritarie, si riscontrano più nelle aree rurali che nelle grandi metropoli, probabilmente a causa di dinamiche sociologiche, determinate probabilmente a fattori e esigenze di tipo economico.

Reale – Ideale
Abbiamo già definito il comportamento genitoriale reale, vissuto nella realtà dei fatti dal bambino, da quello ideale che il bambino avrebbe voluto dal genitore.

Il comportamento di riferimento, per l'individuo appartenente alla tipologia genitoriale, è quello del "Genitore causa", in quanto egli si identifica in tale genitore e ne assume i comportamenti archetipici di riferimento durante la vita, adottandolo poi nelle diverse relazioni significative vissute.
L'Individuo appartenente alla Tipologia Genitoriale, giudica i modelli comportamentali adottati dai genitori nei suoi confronti.
Il comportamento Reale, definisce come l'individuo ritiene che il Genitore Causa si sia effettivamente comportato nei suoi confronti e ciò coincide con il simbolismo dello Stimolatore penalizzante. Il comportamento Ideale invece, definisce come l'individuo avrebbe voluto che il Genitore Causa si fosse comportato nei suoi confronti e ciò corrisponde al simbolo dello Stimolatore gratificante.
La situazione reale, come ormai sappiamo, corrisponde al "Inverso", quella ideale corrisponde invece al "Verso".

Passaggio in Ego
Il passaggio in ego è essenzialmente lo svilupparsi nella persona di meccanismi di difesa per neutralizzare un forte dolore emotivo, a seguito di un conflitto genitoriale con il "Genitore buono".
Il passaggio in Egocentrici non ha età. Può avvenire ancora da piccoli, oppure in età matura, oppure ancora, non avvenire mai nel corso dell'intera vita. E' sempre un forte evento emotivo di sofferenza che cambia per sempre la struttura emotiva della persona.
Tali affermazioni sono altresì tutte verificabili e misurabili. Infatti, quando il passaggio in Ego è avvenuto, nel test analogico di personalità, l'individuo si sente respinto anche dal simbolo del Cerchio, man mano che questa figura geometrica si avvicina al viso. Tale riscontro ci conferma che nella persona sono attivi i meccanismi di difesa. Ma qual

è la motivazione, il fatto scatenante per cui le strutture genitoriali attuano il passaggio in Ego? Risulta curioso ed interessante conoscere certi particolari, vediamoli insieme.

Sono essenzialmente due le cause che provocano nel soggetto il passaggio in Egocentrico.

Si verifica il passaggio in Ego o quando la persona si sente tradita o non difesa dal genitore buono, oppure quando giudica inadeguato il genitore buono a calibrare i comportamenti del genitore conflittuale in quanto partner, temendo contestualmente una possibile separazione nella coppia, con conseguente conflitto esistenziale dettato dalla paura di morire o di essere abbandonato.

Il giudizio del bambino nei riguardi dei propri genitori, scaturisce essenzialmente dalla preoccupazione di salvaguardare se stesso da eventuali pericoli. Possono essere paure che rischiano di minare le sicurezze, o il timore che una possibile crisi relazionale possa sfociare nel disfacimento dello nucleo familiare stesso.

Quando l'Individuo si trova nella necessità di valutare e criticare i genitori per il loro comportamento, nel rapporto di coppia, è già nella dimensione Egocentrica, poiché non giudicherà più il padre in quanto Padre e la madre in quanto Madre, come avveniva nella dimensione Genitoriale, ma giudicherà i modelli comportamentali maschili e femminili che il padre e la madre adottano, nell'ambito della loro relazione coniugale.

Nell'intento di evitare una crisi ritenuta inevitabile, l'individuo interviene all'interno del nucleo familiare mettendo una persona ritenuta affidabile, in antitesi al genitore ritenuto inefficiente (Trasgressivo) all'interno della coppia; oppure ponendosi egli stesso in antitesi al genitore inefficiente, nell'intento di ottenere od assumere i modelli comportamentali che ritiene ideali per un genitore efficiente (Istituzionale), e quindi salvaguardare la coppia coniugale.

Così facendo l'Individuo istituisce all'interno del nucleo familiare una figura Istituzionale definita "Adulto Significativo" che potrà essere impersonificata da una figura esterna alla famiglia o, come già detto, proprio da lui stesso.
Come spiegheremo più avanti, nel primo caso l'Adulto Significativo risulterà Reale, mentre nel secondo caso l'Adulto Significativo risulterà Ideale.
Cercheremo di rendere chiara la spiegazione di come la relazione significativa in diade nella Tipologia Genitoriale, si trasformerà in una relazione significativa in triade, tipica delle strutture egocentriche.
Teniamo sempre presente che il coefficiente distonico dell'Ego, misurato sull'asse energetico dell'individuo, rappresenta anche il livello quantitativo del meccanismo di difesa vissuto, definito ordinario o sintomatico a secondo dei valori registrati e attivato dalla persona stessa per contenere disagi o sofferenze prodotte dal suo problema.
Quando tali meccanismi rientrano nella norma, la posizione del coefficiente Ego, rappresentato dal simbolo del Cerchio, si trova collocato ad una distanza di circa 40 cm dal viso.

Tipologie Egocentriche
Il passaggio da una tipologia genitoriale a una egocentrica, sviluppa nella persona una caratteristica fondamentale per comprenderne le dinamiche emotive e capace di risultare utile, se non determinante per l'aggancio o lo sgancio. Questa caratteristica è la "Diffidenza".
Diffidenza verso i duplicanti sessuali del genitore conflittuale, ma anche e soprattutto diffidenza verso i duplicanti sessuali del genitore buono che ha tradito la nostra fiducia o che ha rischiato di causare una potenziale crisi di coppia.
Proprio dalla natura originaria di questa diffidenza trae origine la declinazione adottata dalle discipline analogiche per definire le strutture egocentriche. Ne discende che tutte le strutture Asta, conflittuali col padre e tradite dal ruolo

materno, svilupperanno una diffidenza preferibilmente con il sesso femminile, pur essendone emotivamente attratte per la diffidenza prodotta, e assumeranno la denominazione di strutture Ego-femmina.

Analogamente, tutte le strutture Triangolo, conflittuali con la madre e tradite dal ruolo paterno, svilupperanno una diffidenza preferibilmente con il sesso maschile, pur essendone emotivamente attratte, e assumeranno la denominazione di strutture Ego-maschio.

Un'altra caratteristica molto importante per le tipologia egocentriche, è quella di scegliere le persone significative, in funzione al sesso di appartenenza. Tale scelta sarà, per cosi dire, strettamente funzionale ai modelli istituzionali o trasgressivi adottati dall'interlocutore, e risulterà condizionata dai comportamenti verbali e non verbali, funzionali a duplicare nella vita, il vissuto dell'Individuo, all'interno della propria famiglia d'origine.

Se la tipologia genitoriale si caratterizza perché teme la stima e la considerazione negata, che impedisce come vincolo, la realizzazione degli obiettivi prefissati, per la tipologia egocentrica, sarà invece il giudizio l'elemento caratterizzante, e su tale criterio, si presenterà gradualmente diffidente, in rapporto al grado di reattività compressa, per frustrazioni subite durante l'Ex conflittualità Genitoriale.

A questo punto l'articolazione della spiegazione si infittisce, ma non possiamo tralasciare proprio adesso, almeno un'altra determinante caratteristica degli egocentrici che è come un mantra per noi analogisti.

Se nella tipologia ego, l'individuo occupa il ruolo di Regista, esprimerà graduali giudizi negativi o positivi nei confronti del proprio Adulto Significativo.

Se nella tipologia ego invece, l'individuo ricopre il ruolo di Adulto Significativo, cercherà il giudizio positivo o negativo del proprio Regista.

L'aggancio emotivo nella tipologia egocentrica, benché risenta dell'influsso genitoriale dell'Oggetto di Desiderio o dell'Antagonista, tende a sviluppare le relazioni con persone significative, principalmente nel rispettivo ruolo ricoperto all'interno della triade duplicante quella genitoriale.

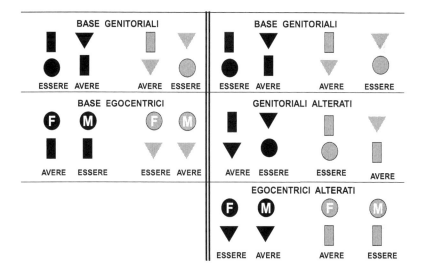

Le strutture in nero sono maschili, quelle in grigio femminili

Base e Alterati
Lo schema qui illustrato, rappresenta le sedici strutture analogiche di personalità emotiva esistenti al mondo. Esse sono rappresentate con solo due simboli: l'Alimentatore e lo Stimolatore penalizzante, cioè che siamo e cosa desideriamo emotivamente. Lo stimolatore Gratificante la parte logica, pur avendo un ruolo di appagante emotivo, ai fini didattici in questo contesto, non viene preso in considerazione.
Le quattro tipologie genitoriali di base, uguali per entrambi i percorsi evolutivi, sia della colonna di destra che di sinistra, possono o meno evolvere in strutture alterate ed egocentriche, formando così la tipologia specifica di ognuno di noi.
Come vedremo, dall'articolata conoscenza di ognuna delle sedici possibili tipologie, si possono ricavare importanti informazioni sulle peculiari caratteristiche di ognuna, utili a migliorare la comunicazione interpersonale e la qualità delle relazioni.
Le tipologie sono molto rappresentative per comprendere, innanzitutto le dinamiche emotive nostre e quelle degli altri, proprio perché sintetizzano tratti peculiari sensibili all'aggancio o allo sgancio emotivo di tutti noi.
Abbiamo evidenziato che il punto di partenza delle tipologie genitoriali Base, è identico nelle due colonne di destra e sinistra. Infatti, saranno le dinamiche comunicative e relazionali vissute all'interno della famiglia di origine, a determinarne lo sviluppo, secondo passaggi evolutivi evidentemente differenti.
Nelle colonne di sinistra troviamo le strutture Base, sia genitoriali che egocentriche, in quelle di destra le strutture alterate, genitoriali e egocentriche. Nelle tipologie Base con un solo passaggio si diventa egocentrici, nelle alterate, come si può notare, i passaggi sono due. Inoltre, va sottolineato come ad ogni passaggio anche la distonia cambia: da essere ad avere e da avere ad essere, con un radicale cambiamento

nella percezione delle dinamiche emotive e del conseguente comportamento nelle relazioni.

Le strutture Base amano una comunicazione Complementare, dove l'uno, asserendo, va incontro alle esigenze dell'altro. Si riconoscono perché si agganciano dando loro ragione. Spesso si inseriscono nella conversazione annuendo verso chi sta parlando.

Le strutture Alterate, invece, amano una comunicazione Simmetrica, dove l'uno contesta o contrasta l'interlocutore che parla. Si riconoscono, perché tendono ad agganciarsi a chi dà loro torto. Si inseriscono in un contesto comunicativo con il "no, ma, però" ecc.. A volte, in un gruppo o durante un incontro fra più persone, basta muovere leggermente il capo in segno di dissenso per attirare la loro attenzione.

Se i Base si agganciano con la comunicazione Complementare, si sganciano con quella Simmetrica. Per le strutture Alterate ovvio, vale l'opposto: si agganciano con la comunicazione Simmetrica e si sganciano con quella Complementare. Che fantastiche scoperte!

A differenza delle strutture base che evolvono in ego rimanendo comunque strutture base, come risultato della loro natura di relazione complementare con il genitore conflittuale, le strutture base che invece si alterano, vivono una relazione simmetrica con il genitore causa. In questo caso l'individuo base si trova suo malgrado a configgere col genitore simmetrico per cui, allo scopo di uscire dalla costante sofferenza, si trova lui stesso a cambiare gradualmente modalità di comunicazione con il genitore, appunto alterandosi. L'originaria tensione conflittuale vissuta dall'individuo col genitore emotivamente rigenerante, si trasforma così nel tempo, in una natura di relazione del tutto gratificante.

Esiste poi nelle varie strutture, un'altra caratteristica che ci aiuta a calibrare e gestire le dinamiche altrui. Un bipolare base è un avere che ragiona da avere, vuole cioè possedere sia con il sentire emotivo che con la parte logica. Un bipolare alterato invece, si definisce un avere che ragiona da essere, poiché avverte con il cuore il bisogno di possedere ma la parte razionale è portata a invece a desiderare a causa dell'alterazione subita. Un monopolare base è un essere che ragiona da essere ed è dominato dal desiderare, mentre un essere alterato è un essere che ragiona da avere, cioè ama desiderare pur volendo logicamente possedere. Anche questa caratteristica, se ben conosciuta e applicata, consente di ottimizzare le relazioni di aggancio e di sgancio con il nostro interlocutore.

Da un punto di vista didattico analogico, la spiegazione dei diversi percorsi evolutivi, assume però una visione più ampia e assolutamente scientifica. Il passaggio dalla Tipologia Genitoriale Base a quella Genitoriale Alterata avviene, infatti, per la natura di relazione occasionalmente simmetrica tra l'Individuo e il Genitore Causa, con la involontaria complementarità del Genitore Buono.

Le strutture Base, sia Genitoriali che Egocentrici, hanno generalmente una forte caratteristica peculiare che è quella di non giustificare un torto ricevuto, tantè che quando lo ricevono, sono portati a sganciare chi lo ha procurato. Questa è la conseguenza di non aver perdonato nell'infanzia, il presunto torto ricevuto da uno o entrambi i genitori, per cui in età matura, inevitabilmente tendono a duplicarlo sugli altri.

Evitiamo quindi accuratamente di far dei torti ad un Base, per non perderlo per sempre.

Chi ha una struttura Base, non avendo giustificato il torto ricevuto da piccolo, tende naturalmente a tenere maggiormente allineata e centrata la parte logica con quella emotiva nelle loro azioni o scelte. Ecco perché tali strutture risultano generalmente più emotive e meno logiche delle altre.

Al contrario gli Alterati, sono detti tali, perché hanno giustificato il torto ricevuto da uno o entrambi i genitori. Nel loro quadro evolutivo, passano da una struttura Genitoriale

Base ad una tipologia che rimane pur sempre Genitoriale ma che subisce, per effetto della dissociazione logica, appunto una alterazione che si pone in contrasto con il loro sentire emotivo.
"Si è vero, non sopporto che papà esca sempre la sera, immagino vada anche a cercare altre donne, però dai, anche la mamma, sempre in tuta e bigodini!! Un po' lo giustifico!"
Riusciamo a cogliere la differenza tra la reazione di un Base che tende a non accettare una situazione di disagio e un Alterato che invece giustifica e convive con la sofferenza diventando iper logico?
Nell'Alterato, Genitoriale o Egocentrico, l'individuo soffre, ma tende sempre a giustificare il torto ricevuto, attuando una dissociazione della parte logica da quella emotiva. Alla base di questo percorso c'è sempre una motivazione che, per essere tale, ha bisogno di una caratteristica indispensabile: deve essere assolutamente una "Motivazione sostenibile."

Linda e Francesco
Aggiungo una curiosità, spero di una certa utilità pratica. Poniamo il caso di una coppia di egocentrici, Linda e Francesco, lei triangolo monopolare alterata, lui asta bipolare base.
Convivono felicemente insieme da tre anni, ma Francesco tradisce occasionalmente Linda che viene a conoscenza del misfatto. Cosa potrebbe succedere secondo voi da un punto di vista prettamente analogico? Beh, son fatti loro direte e dunque, nessuno può saperlo.
Però il bravo analogista, sa che Linda può giustificare il torto ricevuto, in quanto struttura emotiva alterata; sa anche che Linda, nel cuore avverte un forte dolore, ma allo stesso tempo, la sua testa è alla continua ricerca di una motivazione per poter giustificare e uscire da questa sofferenza. A questo punto Francesco ha due possibilità: se vuole tentare di tenersi Linda, le darà una giustificazione altamente sostenibile, cosicché lei, sentendosi emotivamente liberata

dal dolore, potrebbe decidere logicamente di perdonarlo. Ma se Francesco non darà questa giustificazione sostenibile, Linda non riuscirà a liberarsi dal peso insopportabile del dolore procuratole, per cui anche se non vorrebbe lasciarlo, sentirà dentro di non poter più continuare quella relazione.
Lo perdonerà? Forse. Dipende gran parte dalla motivazione sostenibile.
Francesco è comunque un uomo fortunato, ha trovato una compagna alterata. Se Linda fosse stata di tipologia Base come lui, una giustificazione, seppur altamente sostenibile, avrebbe coinciso con il rintocco delle campane del suo funerale di coppia: Linda lo avrebbe respinto per sempre, non giustificando il torto ricevuto.

Relazione in diade
In tutte le tipologie di personalità emotiva, esistono relazioni significative ben precise e delineate, all'interno delle quali, e solo in quelle, l'individuo sviluppa la sua vera sofferenza emotiva.
Abbiamo visto come il simbolo che ci respinge, rappresenta il nostro stesso tipo di energia e che questo rappresenta anche la nostra reattività. Se il simbolo che ci respinge è il Triangolo, sono i rappresentanti significativi del sesso femminile a sviluppare in noi, rabbia, rancori e risentimenti.
Al contrario, se è l'Asta a respingerci, i responsabili della calibratura della nostra Reattività sono i maschi significativi.
Dobbiamo sforzarci di fissare il concetto che nella Reattività non c'è sofferenza e dolore, ma solo rabbia, risentimenti e sensi di colpa. Le due energie, collegate ai rispettivi simboli, non vanno tra loro confuse.
Quindi adesso, addentrandoci insieme, nel labirinto delle relazioni in diade, tipiche delle tipologie Genitoriali e in quelle in triade caratterizzanti gli Egocentrici.
Il nostro obiettivo principale sarà quello di definire, per ogni struttura, la relazione significativa che genera la sofferenza, passata, presente e futura della persona.

Nelle tipologie genitoriali, l'emotività è governata essenzialmente da due fattori: Oggetto di Desiderio e Antagonista, prendendo il nome di relazione "in Diade".
Entrambi possono essere: un'idea, una cosa o una persona. L'oggetto di desiderio rappresenta ciò che noi vogliamo; possono essere sogni, aspettative e ambizioni. L'Antagonista invece, è colui che ci mette il bastone fra le ruote, impedendoci di raggiungere e conquistare questo nostro Oggetto di desiderio.
Il mondo emotivo dei Genitoriali gira essenzialmente attorno a questa relazione in diade. Le loro spinte emotive si sviluppano in questo ambito quasi ristretto, per cui, la relazione significativa, nelle Tipologie Genitoriali, sarà sempre costituita da questi due elementi contrapposti.
L'Antagonista e l'Oggetto di desiderio possono essere Reali o Presunti.
Una formula magica ci aiuta a interpretare queste attitudini, con enormi potenzialità di aggancio e di sgancio nelle relazioni e nelle comunicazione.
Se l'Individuo è di sesso conforme al suo Alimentatore, cioè al simbolo che respinge, l'Antagonista sarà Presunto e l'Oggetto di Desiderio Reale. In tal caso la relazione significativa con la relativa sofferenza si costituirà tra l'Individuo e l'Oggetto di Desiderio e l'ostacolante potere dell'Antagonista sarà di conseguenza "solo presunto" e poco significativo.
Se l'Individuo invece,è di sesso non conforme al suo Alimentatore, l'Antagonista sarà Reale e l'Oggetto di Desiderio "solo presunto". La relazione significativa con il relativo aggancio di sofferenza, si costituirà tra l'Individuo e l'Antagonista e l'ostacolante potere dell'Oggetto di desiderio sarà, di conseguenza, solo "presunto" e poco significativo.
I ruoli Reali si hanno quando sono identificati oggettivamente in una idea, una cosa, una persona. Sono invece ruoli Presunti quando questi ruoli sono inesistenti

nella realtà, ma presunti tali e presenti solo nella mente della persona.

Se una struttura genitoriale ha l'Oggetto di desiderio reale, nella comunicazione porrà l'attenzione su quello che gli piace e non sull'Antagonista che potrebbe ostacolarlo o impedirlo nella conquista.

Se una struttura genitoriale ha invece l'Antagonista come reale, la sua attenzione emotiva nella comunicazione sarà catturata soprattutto dalla figura che potrebbe impedirgli di conquistare o di godere dell'Oggetto di desiderio.

Il ruolo di Antagonista viene sempre identificato dall'individuo in quell'elemento che impedisce l'appagamento nei confronti dell'Oggetto del desiderio, inteso quest'ultimo nella sua accezione di aspettativa oggettivata, sia essa un'idea, una cosa, una persona.

Per l'individuo appartenente alla Tipologia Genitoriale, il ruolo dell'Antagonista è di fatto sempre presente nella sua mente, ed ogni suo comportamento sarà condizionato, direttamente o indirettamente, da questa figura, duplicata di volta in volta, dalla matrice comportamentale del Genitore Causa.

Se ancora non è ben chiaro, facciamo un esempio concreto che ci aiuta strategicamente a comprendere meglio.

La moglie di Vanni è una struttura Triangolo e quindi ha il sesso conforme al suo Alimentatore, per cui ha l'Oggetto di desiderio reale e l'Antagonista presunto.

Quando il marito uscirà la sera con gli amici e lei rimarrà sola in casa, cosa sarà a preoccuparla e quindi soffrire di più, rispetto al comportamento di Vanni?

Soffrirà di gelosia per tutte le possibili donne che lo ammireranno con un evidente desiderio di essere abbordate, oppure soffrirà se lui in compagnia si comporterà da maleducato, oppure si vestirà in maniera trasandata e disordinata, o tornerà a casa un po' alticcio?

Avete indovinato, è la seconda ipotesi quella realmente vissuta dalla moglie!

In effetti, tutte le altre ipotetiche donne che il marito potrebbe incontrare, saranno solo Antagonisti Presunti e le creeranno poca gelosia e meno sofferenza del comportamento inadeguato del suo Oggetto di Desiderio.

Relazione in triade

Avvenuto il passaggio in Ego, non solo le persone sviluppano diffidenza verso gli altri, ma trasformano la loro relazione in Diade, con l'Antagonista e l'Oggetto di desiderio, in una relazione dove gli attori diventano tre, modificando profondamente, le proprie dinamiche relazionali.

Di questo mutamento emozionale ne risentono particolarmente le strutture che paradossalmente rimangono Genitoriali, nel senso che, essendo in forte minoranza numerica, rispetto a quelle Egocentriche, si muovono in un mondo comunicativo del quale faticano visibilmente a comprenderne e gestirne le relative dinamiche.

Chi compie il passaggio in Ego, seppur cambiando modalità relazionali, porta comunque con sè dal passato, gli influssi del precedente stato genitoriale e quindi ne risentirà ancora degli effetti. In sostanza però, nella nuova condizione emotiva, il loro modo di sentire, vivere e agganciarsi nelle relazioni, si troverà modificato in misura significativa e determinante.

L'elemento fondamentale che entra in gioco nell'Egocentrico, come abbiamo visto è "Il Giudizio", espresso e ricevuto.

Ora, per la Tipologia Egocentrica, il ruolo assunto, istituzionale o trasgressivo e il conseguente giudizio, dato o ricevuto, diventano i nuovi modelli comunicazionali significativi, posti in costante antitesi tra loro.

Tali modelli comportamentali, trovano origine nella così chiamata "Triade Originaria familiare" formata da noi, mamma e papà. Questa triade relazionale viene poi "duplicata" all'esterno della famiglia, in tutte le relazioni

significative con persone di sesso conforme agli stessi ruoli della Triade Originaria.
Cerchiamo quindi di definire bene il significato dei termini. La Triade Originaria prima, e tutte le Triadi Duplicanti significative che poi sviluppiamo nelle relazioni, si compongono di un regista (R), un Adulto Significativo (A.S.) e un Elemento di Verifica (E.V.), secondo queste dinamiche:

- un Regista istituzionale che giudica l'Adulto Significativo istituzionale per come si comporta con un Elemento di Verifica trasgressivo;
- un Adulto Significativo istituzionale, affidabile o inaffidabile, che viene giudicato dal suo Regista istituzionale, in rapporto al tipo di relazione impostata con l'Elemento di Verifica trasgressivo.
- Un Elemento di Verifica, sempre trasgressivo, non conforme alle aspettative, di cui si serve il Regista istituzionale per giudicare l'affidabilità dell'Adulto Significativo.

Ogni individuo può ricoprire il ruolo o di Regista o di Adulto Significativo, a secondo della propria Tipologia di appartenenza (della qualità del suo Ego), duplicando di volta in volta, negli altri due ruoli, persone di sesso e comportamento, conformi ai ruoli della Triade Originaria familiare.
Il ruolo di Regista, sarà assunto dall'individuo stesso, se di sesso non conforme alla qualità del suo Ego. E' cioè Regista un maschio Asta o una femmina Triangolo.
Il ruolo dell'Adulto Significativo, sarà assunto dall'individuo stesso, se di sesso conforme alla qualità del suo Ego, cioè dal maschio Triangolo e dalla femmina Asta.
Il ruolo dell'Elemento di Verifica sarà assunto da un soggetto maschile o femminile sempre trasgressivo, del quale sia il

Regista che l'Adulto Significativo si serviranno per giudicare o per essere giudicati in termini di affidabilità.

Il regista

Il Regista, come afferma Stefano Benemeglio, è quel "Super io Freudiano" che giudica positivamente o negativamente il comportamento dell'Adulto Significativo.

Il Regista ritiene significativo giudicare il bene e il male delle azioni, il lato positivo e negativo delle cose o situazioni, ciò che è giusto o sbagliato nel comportamento degli altri.

Se il Regista è l'Individuo stesso, costui esprime un giudizio positivo o negativo nei confronti dell'Adulto Significativo soprattutto per il tipo di comunicazione adottata, complementare o simmetrica, con l'Elemento di Verifica. Se il Regista, ad esempio, è una struttura Base che ama la comunicazione complementare, rafforza il suo legame con l'A.S., se questi imposta una comunicazione Simmetrica con l'E.V. e Complementare con lui.

In caso contrario avverte una sensazione di disagio, di preoccupazione, fino alla sensazione di sgancio e come conseguenza di ciò, per evitare la sofferenza, il Regista abbassa il potenziale affettivo nei confronti del suo Adulto significativo fino a sostituirlo.

L'adulto significativo

L'Adulto Significativo rappresenta una figura emblematica e fondamentale per la Tipologia Egocentrica. L'A.S. è quel ruolo rappresentato nella triade di colui che ama essere giudicato da una Regista istituzionale e affidabile.

L'A.S. adotta questo ruolo, a causa dell'originaria azione del Genitore Istituzionale che lo obbligava a controllare in modo opportuno, il comportamento del Genitore Trasgressivo.

L'Adulto Significativo si fa giudicare dal Regista per come si comporta con l'E.V.

Se è di struttura Alterata riceverà dal Regista un giudizio conforme, non alla propria tipologia ma a quella del Regista stesso, per cui tenderà a rafforzare il suo legame con il R. quando verrà giudicato positivamente per essersi comportato bene con E.V, ma anche quando verrà giudicato negativamente, se si è comportato male con E.V.

Perderà invece il suo potenziale attrattivo e affettivo, con conseguente sofferenza verso il Regista, quando verrà giudicato male pur essendosi comportato bene con E.V., oppure se verrà giudicato bene, pur essendosi comportato male con E.V.

L'Adulto Significativo tende a non giudicare, anzi, delega come esigenza ad un Regista terzo, il potere di giudizio su di sè. La scelta del Regista risulterà conforme al modello di pensiero dell'Individuo, al punto che, se il Regista esprimesse giudizi non conformi al suo pensiero, perderebbe il potenziale acquisito sino alla destabilizzazione.

Mi piace esemplificare questi concetti con un esempio concreto. Verificando le varie strutture sul campo, emerge in modo chiaro, come le persone che ricoprono il ruolo di Regista, sono quelle che, da bambini, mentre i genitori litigavano, loro se ne stavano seduti in disparte in attesa che finisse la disputa; mentre quelli che oggi sono Adulti Significativi, nella stessa situazione conflittuale, erano quelli che entravano nella stanza dei genitori esclamando: "Cosa c'è qui da litigare?" Cercando di risolvere la situazione sedando gli animi.

E' curioso comprendere come, proprio questo ruolo interventista per così dire, lascerà poi in queste persone, la sensazione di essere veramente potenti e vincenti, avendo impersonificato il ruolo di Adulto Ideale, a causa dell'azione induttiva del Genitore Istituzionale, che lo obbliga a controllare in modo opportuno, il comportamento del Genitore Trasgressivo.

Ecco perché, per agganciare in misura determinante un A.S., oltre a giudicarlo per le sue idee e azioni, è indispensabile ipotizzare e sottolineare alcuni tratti del carattere come fossero unici e vincenti, anche se totalmente invisibili agli occhi degli altri.

L'elemento di verifica
L'Elemento di Verifica è la "cartina al tornasole" che permette al Regista di verificare l'affidabilità dell'Adulto Significativo. Pertanto, l'Elemento di Verifica deve sempre manifestare un comportamento trasgressivo e per essere tale, deve agire in modo non conforme al ruolo istituzionale, al fine di attivare la tensione nel Regista o nell' Adulto Significativo. La natura di relazione tra i due elementi significativi, Regista e Adulto Significativo, porterà il primo a giudicare e il secondo a farsi giudicare, in modo positivo o negativo, in rapporto a questa natura di relazione, Base o Alterata, con l'Elemento di Verifica.

LA SOFFERENZA E' DIRETTAMENTE PROPORZIONALE ALL'ASSENZA DI PIACERE

I ruoli in triade
All'inizio esisteva solo la triade originaria: io, papà e mamma. Poi si sono aggiunte tante triadi duplicanti quante le mie relazioni significative. Una con la partner, una con il figlio, l'altra con la figlia, il fratello, la sorella, l'amico, il collega di lavoro e così via. Ognuno di loro sono duplicatori della mia triade originaria, solo che si inseriscono con ruoli diversi di significatività, a secondo del sesso di appartenenza.
Per comprendere come si definiscono questi ruoli stiamo sul didattico e facciamo riferimento allo schema già visto in precedenza.

Ogni persona ha una sua struttura formata da tre elementi. Quello che siamo (Alimentatore), quello che ci appaga e che di norma non vogliamo (Gratificante) e quello che ci attira e ci rigenera (Penalizzante).
Individuata la nostra triade, vediamo adesso di comprendere bene le dinamiche associate.
Quando nella propria struttura si ricopre il ruolo di Regista, l'Adulto Significativo sarà ricoperto sempre da una persona di sesso simile alla qualità dell'Ego: cioè rispettivamente una donna per il maschio Ego femmina, un uomo per la femmina Ego maschio.
In questo tipo di strutture, l'Elemento di Verifica, trasgressivo e penalizzante sarà sempre una persona di sesso uguale al simbolo Gratificante.
Quando la persona ricopre il ruolo di Adulto Significativo, ruolo assunto quando il sesso dell'individuo è conforme alla qualità dell'Ego, cioè il maschio Triangolo e la femmina Asta, il ruolo di Regista è sempre ricoperto da una soggetto di sesso conforme allo Stimolatore Penalizzante della persona, mentre l'Elemento di Verifica sarà sempre impersonificato da una persona di sesso uguale al proprio simbolo Gratificante.
Articolato ma preciso al millimetro. Grazie Benemeglio per questa immensa scoperta.

La relazione significativa
In ogni triade esiste una relazione significativa dove è nascosto il cofanetto della nostra sofferenza, dove sono rinchiuse le nostre paure.
Una relazione si definisce significativa, quando duplica rapporti, disagi e problemi, vissuti dall'Individuo durante le diverse tappe evolutive, riattivando così nel presente, il Pathos e la Reattività vissuti nel passato.
La relazione significativa si sviluppa sempre tra il Regista e l'Adulto significativo, indipendentemente dal ruolo ricoperto dalla persona in triade e mai con l'Elemento di Verifica.

Ricordiamo questa regola ferrea, saprà essere di fondamentale aiuto, nel guidarci a determinare il responsabile del trauma originario, nelle sedute di riequilibrio emozionale.

E' sempre e solo nella corrispondente relazione significativa con persone di un determinato sesso dente che si annida la sofferenza più vera e profonda, una sofferenza che, nel verso e nell'inverso, si esprime come una compressione del sentimento o risentimento vissuti, sia dato che ricevuto.

Conoscere, identificare e vivere consapevolmente le dinamiche della propria relazione significativa, comporta il liberare energie interiori capaci di stemperare e risolvere il dolore provato e il disagio vissuto. E' una "guarigione", che nasce da dentro, è il puzzle rotto che si aggiusta da sè, secondo il principio nobile dell'autocoscienza che, come un miracolo, aiuta finalmente a comprendere le dinamiche del disagio vissuto, con un'efficacia davvero impressionante.

Nei percorsi individuali di riequilibrio emozionale, l'identificazione immediata della relazione significativa secondo tipologia, permette di chiarire con estrema precisione il referente sessuale responsabile dell'evento vissuto dalla persona, illuminando così la strada alla successiva fase della decompressione del trauma.

Amaranta
Avendo ben compreso i ruoli nelle triadi, immaginiamo adesso di sperimentare una seduta di riequilibrio emozionale con la nostra bellissima Amaranta. Lei è alta, capelli scuri, tipologia asta, stimolata triangolo, evoluta in ego, cioè struttura Ego femmina triangolo.

Dalla conoscenza della triade di Amaranta, sappiamo che ricopre il ruolo di Adulto Significativo. Sappiamo anche che ha la relazione significativa col suo Regista di tipo omologo: femmina con femmina. Questa informazione preziosa, se rivelata alla parte logica, apre in lei una ristrutturazione cognitiva capace di ribaltare spesso, concezioni e pensieri

dettati dalla cultura dominante. Amaranta adesso comprende che sono le femmine a calibrare il suo Pathos, amplificando o riducendo la sua sofferenza, mentre i maschi, con i quali normalmente si rapporta, hanno solo un ruolo utile ad appagare o rigenerare la sua Reattività.
Relazione significativa donna su donna, non vuol dire che Amaranta sia lesbica, tant'è che è sposata con quattro figli e pare proprio innamorata del marito. Eppure, in seduta di riequilibrio, quando andiamo a rivelare il personaggio responsabile del suo turbamento o trauma originario (Turbamento Base) causa della sua sofferenza, scopriamo che si tratta di una femmina.
Se invece l'inconscio avesse rivelato quale responsabile del problema un soggetto maschile, noi ne avremmo dedotto che il referente della rabbia vissuta poteva essere ricondotto ad un antagonista che le ha impedito di amare o di sentirsi amata dalla femmina Regista. Interessante vero?

DIFFIDA PURE DI TUTTI, DEI TUOI AMICI, PARENTI, PERFINO DEI TUOI GENITORI, MA NON DIFFIDARE MAI DI TE STESSO. TU SEI LA SOLUZIONE, NON IL PROBLEMA

Diffidenza come attrazione
Ci attrae tutto ciò che ci emoziona, nel bene come nel male.
Io diffido di quello? Allora sono attratto, sono agganciato.
Sento quell'altro come affidabile? Allora sono agganciato.
Un interlocutore impersonifica un ruolo sensibile nella mia triade duplicante, allora è significativo.
Sono un maschio di tipologia bipolare Asta e non ho un amico del cuore capace di duplicare il genitore in ruolo istituzionale? Avvertirò un disagio che, più o meno inconsciamente, mi porterà a cercare un duplicante maschio,

affidabile e significativo nelle amicizie, per poterlo agganciare.

Noi tutti, purtroppo o per fortuna, percepiamo sempre a livello emotivo, disagi e sofferenze quando una casella della nostra triade rimane vuota a causa degli eventi della vita.

E faremo di tutto per trovare, al più presto, un sostituto per uscire da questa sofferenza.

Ecco qui sotto una tabella che riporta, per ogni tipologia emotiva, quali sono le persone che, attraverso stimoli di diffidenza, attrazione o di ruolo, condizionano inevitabilmente le nostre sensazioni di aggancio o di sgancio emozionale.

L'ATTRAZIONE EFFICACE

		DIFFIDENZA	AFFIDABILITA'
M	■	FEMMINE TRASGRESSIVE	SE STESSO E MASCHI ISTITUZIONALI
F	■	FEMMINE TRASGRESSIVE FEMMINE ISTITUZIONALI	MASCHI ISTITUZIONALI
F	▼	MASCHI TRASGRESSIVI	FEMMINE ISTITUZIONALI
M	▼	SE STESSO E MASCHI TRASGRESSIVI	FEMMINE ISTITUZIONALI
M	□	FEMMINE TRASGRESSIVE	MASCHI ISTITUZIONALI
F	□	SE STESSA E FEMMINE TRASGRESSIVE	MASCHI ISTITUZIONALI
F	▽	MASCHI TRASGRESSIVI	SE STESSA E FEMMINE ISTITUZIONALI
M	▽	MASCHI TRASGRESSIVI MASCHI ISTITUZIONALI	FEMMINE ISTITUZIONALI

Le strutture in nero sono maschili, quelle in grigio femminili

Strutture bipolari Avere
Nella tavola abbiamo evidenziato le otto tipologie egocentriche di personalità emotiva: quattro distoniche Essere e quattro distoniche Avere.

Di fronte a questo schema, uno immagina che siano, dal punto di vista numerico, equamente distribuite fra la popolazione, ma il riscontro nella realtà ci da valori molto differenti.

Il dato certamente risente della collocazione geografica e culturale che qui non stiamo ad analizzare. Ci interessa però conoscere ad esempio, come la maggioranza delle persone che ci circondano appartengono alla distonia Essere, di tipo monopolare, rispetto a percentuali minime di strutture Avere, di tipo bipolare.

L'esperienza sul campo poi, ci ha pure fornito un altro dato molto interessante e cioè che le strutture Egocentriche superano di gran lunga quelle Genitoriali.

Queste sono informazioni che possiamo utilizzare benissimo nelle nostre relazioni, esse hanno il potere di limitare e semplificare il raggio d'azione delle nostre ipotesi.

Vediamo adesso di comprendere le dinamiche che sottendono alla composizione delle strutture emotive bipolari.

Se il tipo di relazione all'interno della triade, tra Adulto Significativo e Elemento di Verifica, risulta di tipo eterologo (elementi di sesso diverso), la composizione dell'Ego è Monopolare.

Se al contrario risulta di tipo omologo (elementi del medesimo sesso), la composizione della struttura emotiva è Avere Bipolare. La Composizione Monopolare o Bipolare dell'Egocentrico, indica la diffidenza dell'Individuo nei confronti di uno o entrambi gli elementi significativi che compongono la relazione, in funzione al sesso maschile o femminile oggetto della diffidenza.

Nella Composizione Bipolare, l'Individuo si trova a diffidare di entrambi gli elementi opposti, sia dell'Adulto Significativo che dell'Elemento di Verifica nel caso lui o lei siano Registi, oppure sia dell'Elemento di Verifica che di se stessi nel caso, lui o lei, siano Adulti Significativi, poiché appartenenti al medesimo sesso. Questo curioso fatto, sta ad indicare che l'individuo, occupando il ruolo di A.S. e quindi diffidando anche di se stesso, avvertirà una duplice diffidenza, che finirà per influenzare l'Individuo nella gestione dei propri bisogni, poiché sarà portato a definire come problema, anche la sua soluzione, quando essa si manifesta possibile.

In altri termini l'Individuo diffida di chi lo fa soffrire (E.V.), ed al contempo, diffida anche di chi potrebbe risolvergli la sofferenza (A.S.). Infatti, anche quest'ultimo potrebbe tradire l'aspettativa di affidabilità e manifestarsi quale fonte di sofferenza emergente, al pari di chi lo ha fatto soffrire sino a quel momento, dato che appartiene al medesimo sesso dell'Elemento di Verifica.

Detto diversamente, le strutture bipolari conquistano la loro armonia, mantenendo in costante antitesi i due elementi significativi opposti, perché solo nel neutralizzare l'uno con l'altro, trovano il loro equilibrio e il loro benessere. A differenza delle strutture monopolari Essere, che tendono ad agganciarsi alla sofferenza, il piacere è invece l'obiettivo del bipolare Avere che però, per cercare di stare bene, paradossalmente evita, se possibile entrambi, sofferenza e piacere, in quanto anche quest'ultimo potrebbe divenire, inevitabilmente, sofferenza.

Il problema principale delle strutture bipolari, specialmente nelle relazioni affettive, è la difficoltà ad essere reciprocamente legati emotivamente.

Il bipolare fatica ad agganciare o a farsi agganciare dal partner che impersonifica l'energia dello stimolatore penalizzante.

Di norma, nei monopolari che sono numericamente la stragrande maggioranza, una persona con energia Asta viene stimolata da un'energia Triangolo e viceversa. Nei bipolari invece, ci troviamo di fronte a strutture Asta stimolate dalla stessa energia Asta, oppure strutture Triangolo stimolate dalla stessa energia Triangolo. Intuitivamente, si comprende subito come in questi casi gli agganci, solidi e duraturi, risultano fortemente problematici.

Effettivamente, se guardiamo dentro le coppie con un bipolare, certamente uno dei due partner non si sente agganciato energeticamente all'altro. Ci si sposa comunque, si fanno figli e l'attrazione fisica, seppur non esaltante non manca, ma frugando sotto la cenere, troviamo che il legame emotivo è effettivamente debole e soprattutto di tipo logico: "di testa" come si usa dire.

Un bel problema non c'è che dire!

Una struttura bipolare, sintetizzando si trova costretta a convivere con un lacerante dilemma: o amare o essere amata.

Il bipolare, insomma, si sente attratto da persone della sua stessa energia che sistematicamente lo rifiutano.

Poniamo il caso di una donna, tipologia bipolare triangolo. Lei cerca da sempre inconsciamente un partner Triangolo, invece, viene sistematicamente corteggiata solo da uomini asta, stimolati dalla sua energia triangolo, materna e protettiva. Gli uomini triangolo che a lei piacciono, tendono a rifiutarla o a non innamorarsi, e lei non riesce a farsene una ragione. A volte cede, accetta un amore dove sente di essere molto amata, ma contemporaneamente dentro di sé, soffre per non avvertire particolare attrazione emotiva verso quell'uomo: la relazione effettivamente non decolla.

Dopo alcune esperienze deludenti e frustranti, decide lei allora di conquistare un maschio protettivo triangolo, solo che il ragazzo in questione, stimolato dalla donna asta, o si dimostra disinteressato, oppure accetta lo scambio affettivo, per altro breve, solo per soddisfare o gli istinti del momento, oppure per qualche valutazione di opportunità logica. La sintesi di questa storia è che questa volta sarà lei ad aver provato ad amare, purtroppo senza esserne corrisposta.

Nella mia esperienza di analogista, ho conosciuto diverse coppie formate da un soggetto bipolare, con dinamiche particolari, come ho incontrato coppie con dinamiche analoghe ai bipolari quando le stesse coppie erano formate da due soggetti asta oppure da due triangoli.
Alcune coppie resistono nel tempo solo per motivazioni di convenienza logica, che possono essere interessi economici, di sopravvivenza, di paura. In questi casi il bipolare nasconde al partner, il problema di non sentirsi amato o di non sentirsi coinvolto. Altre coppie simili, resistono invece nel tempo, per motivi prettamente analogici, per il fatto, ad esempio, che uno dei due se non entrambi, soffrono di situazioni emotive particolarmente serie e profonde, esprimendo grandi difficoltà ad avere uno stabile equilibrio personale.
La comprensione e la profonda accettazione delle proprie dinamiche bipolari, ha efficacemente dimostrato di saper aiutare, persone e coppie, a ritrovare nuovi e vitali equilibri, proprio perché fondati su una rinnovata comprensione, lealtà e fiducia, di sé stessi e del proprio partner.

L'idea conclamata nel bipolare
L'Individuo di Composizione Bipolare, manifesta sempre una Idea Conclamata che può essere rivolta verso Se stesso (Struttura Alterata Avere che ragiona da Essere), o verso il sesso contrario al proprio (Struttura Base Avere che ragiona da Avere).
L'Idea Pensante, nata nel Monopolare dalla diffidenza verso l'elemento trasgressivo nella relazione, diviene "Conclamata" nel Bipolare, poiché la diffidenza dell'Individuo si estende anche all'Elemento Istituzionale, dato che appartiene al medesimo sesso del trasgressivo, e che, per empatia, si estende anche all'Individuo stesso, quando risulta proprio lui l'Elemento Istituzionale come Adulto Significativo Ideale.
L'Idea Conclamata quindi, è una Idea semplice, che si amplifica nel riconoscimento del sesso maschile o

femminile, sino a divenire generalizzata, consolidandosi nel tempo e influenzando l'individuo nella vita, nelle sue scelte e nelle sue percezioni del piacere e della sofferenza.

La Struttura Base o Alterata Bipolare, nel denunciare un problema, manifesta sofferenza e disagio sia per il Verso che per l'Inverso del medesimo problema (fobia/depressione, bulimia/anoressia ecc.), e questo la distingue dalle composizioni Monopolari.

La chiave di accesso all'inconscio

La chiave di accesso all'inconscio è quel duplice segno che tutti noi automaticamente poniamo in essere quando siamo sotto stress. Viene definito anche "Simbolo bivalente" e solitamente viene espresso dal nostro interlocutore durante la relazione comunicativa. Esso è formato dall'insieme di Alimentatore e Stimolatore Penalizzante.

Quando ci capita di visualizzarlo, ci istruisce ad insaputa del soggetto, della sua struttura emotiva, chiarisce cosa egli è e ciò che desidera, esprimendolo con la posizione delle dita, delle mani o delle braccia.

L'Alimentatore è simbolicamente la parte del corpo che sta ferma, mentre il Penalizzante è il simbolo in movimento e ci informa sulla qualità del simbolo gradito. Ad esempio, con la mano destra a palmo aperto, strofino o accarezzo il braccio sinistro fermo a penzoloni. In questo caso, il braccio rappresenta un'asta, quello che io sono e lo stimolo che desidero, cioè il triangolo, molto bene rappresentato dalla mano che si muove su e giù ritmicamente.

Anche accarezzarsi (Triangolo) la cravatta (Asta) aiuta a definire soggetto Ego Femmina stimolato Triangolo, il nostro interlocutore

Ognuno di noi ha un proprio Bivalente, una chiave simbolica emotiva che, attivata, consente l'accesso diretto al nostro "Io Bambino".

La chiave di accesso all'inconscio, oltre ad aiutarci a riconoscere il mondo emotivo del nostro interlocutore, consente a noi stessi di fare molte cose, come ad esempio formulare un negoziato con il Bambino interiore per richiedere fenomenologie ipnotiche, maggiore benessere personale o realizzare decompressioni emotive finalizzate alla riduzione del trauma vissuto.

SIMBOLI POLIVALENTI

ASTA-CERCHIO   ASTA-TRIANGOLO   ASTA-CERCHIO

SIMBOLI POLIVALENTI

ASTA-CERCHIO

ASTA-TRIANGOLO

ASTA-TRIANGOLO

Le auto-penalizzazioni

Le auto-penalizzazioni, più che una vera e propria tecnica, sono uno strumento individuale per aumentare quotidianamente il nostro livello di benessere. L'inconscio cerca sempre emozioni, in ogni situazione, in ogni contesto. Non distinguendo il bene dal male, l'Io Bambino cerca pane per i suoi denti, vuole emozioni sempre e comunque e se noi non gliele concediamo, se le va a prendere nelle ansie e nelle preoccupazioni che ci accompagnano fin dal mattino appena svegli, quando i nostri pensieri si fissano sull'abbandono o sul tradimento subìto.

E' un po' come avere una tessera del bancomat di tipo emotivo: se non la carichiamo di emozioni positive, andrà da sola a caricarsi di quelle negative.

Rendiamoci conto, ognuno di noi ha gratuitamente una straordinaria possibilità di migliorare il proprio benessere mantenendo il bancomat virtuale sempre colmo del giusto cibo emotivo, creando situazioni magari un po' bizzarre, ma sicuramente molto efficaci.

Esiste solo una regola in questo gioco: le situazioni vissute devono sempre creare Pathos, nel bene o nel male, altrimenti si riveleranno inefficaci. E non dimenticate che questo limite alle azioni, dipende solo dalla fantasia di ognuno.

Siamo fermi in auto al semaforo e salutiamo lo sconosciuto a fianco sorridendo ad esempio; oppure suoniamo il clacson all'auto ferma davanti a noi quando il semaforo è ancora rosso.

Ci crea pathos vero? Oggi è un giorno feriale ma decidiamo di metterci il vestito più bello per andare al lavoro, oppure decidiamo di indossare una calza con le smagliature o un calzino bucato o di colore diverso. Ci dà Pathos questo? Diamo sfogo alla fantasia con le auto-penalizzazioni! Ci sono tanti modi per farlo. Camminando per strada incrociamo un passante e ci passiamo la mano nei capelli, fissandolo negli occhi per almeno tre secondi, oppure, più arditi, gli facciamo volutamente un linguino, wow che pathos!

Possiamo anche cantare a voce alta in strada mentre passeggiamo oppure tra gli sguardi increduli dei passanti, fare una giravolta su se stessi ogni trenta passi!

Come possiamo facilmente intuire, sono tutte situazioni imbarazzanti, che mettono alla prova la nostra autostima o la paura del giudizio degli altri, ma che però, se attuate, producono quel pathos necessario a fare in modo che il nostro livello di benessere aumenti visibilmente, allontanando di conseguenza i cattivi pensieri.

Alleniamoci
Non esiste azione migliore per realizzare il benessere emotivo che sforzarci di allineare le nostre esigenze logiche a quelle emotive.

L'Io Bambino è proprio un bambino, a volte capriccioso, ma sempre desideroso di essere amato e spesso si accontenta di poco.
Poniamo il caso che voi siate in astinenza sessuale da parecchio tempo, il che presumibilmente è vero! Vi mettete in piedi ad occhi chiusi e chiedete al vostro Inconscio se desidera far l'amore con la bella Alessandra, poi ponete la stessa domanda visualizzando l'attraente Roberta, poi la trasgressiva Barbara e poi ancora l'intrigante Silvia. La risposta presumibilmente sarà sempre "SI" verso tutte, questo perché l'Io Bambino vi sta solo esponendo la sua carenza sul punto distonico sessuale.
Se però ponete la stessa serie di domande, subito dopo aver avuto un favoloso amplesso con l'indimenticabile Amaranta, le risposte che riceverete saranno, non senza stupore, tutte negative. Così "ragiona" l'Inconscio. Non le vuole tutte, ma almeno una!
Non è capriccioso, evidenzia solo un bisogno emotivo compresso e non espresso. Facile!

Il riequilibrio emozionale
La codifica del linguaggio non verbale e la struttura delle tipologie analogiche di personalità emotiva, sono già di per sé meravigliosi strumenti di conoscenza e di utilità per tutti.
Non avrebbero però quel tale successo e portata storica, se non fossero poi applicate in misura efficace, nelle sedute di riequilibrio emozionale, finalizzate alla soluzione e alla decompressione dei traumi emotivi, condizionanti e vincolanti la nostra felicità.
Già la felicità! Le discipline analogiche la definiscono come il perseguire i propri Sogni in piena Libertà ed in pace con la propria Coscienza. Tutti principi non negoziabili per l'individuo. Bell'obiettivo vero?
La Libertà è fondamentale per l'individuo, poiché solo se libero è in grado di conquistare i propri Sogni. Nel momento in cui è ostacolato in questo, egli perde la capacità di agire in

virtù della conquista dei piccoli e grandi obiettivi di vita.
Ecco perché la Libertà va salvaguardata ai fini della realizzazione dei propri obiettivi. Per fare questo, ci viene in aiuto la Coscienza che, grazie alla sua natura riflessiva, ci preserva dal ricadere nelle medesime situazioni del passato che ci hanno arrecato sofferenza, essendo essa stessa, la consapevolezza del nostro vissuto.

È quindi la Coscienza a vigilare costantemente sui principi di Libertà e di Sogno.

Tuttavia, nonostante la sua importante funzione, spesse volte il suo intervento nei dinamismi mentali dell'individuo, risultano i medesimi che impediscono la nostra stessa realizzazione. Quando infatti la sua "voce" è opprimente, l'individuo si trova in una situazione di disagio, nella quale appare vincolato nelle sue scelte e nelle sue conquiste.

È proprio da qui che prendono origine i problemi umani.

Sulla base dei principi enunciati, l'analisi benemegliana classifica i problemi di natura cosiddetta ordinaria, in Problema di Libertà e in Problema di Sogno, mentre l'accezione sintomatica del disagio divenuto dissociazione o scissione, prende il nome di Problema di Coscienza, con stato emotivo di aberrazione di uno dei due precedenti.

Il problema di una mancanza di Libertà nell'individuo, si verifica nel momento in cui la Coscienza, sotto forma di morale o di regola istituzionale, confligge e impedisce la conquista di un Sogno, sia esso un'idea, una cosa o una persona.

Viceversa, il problema di Sogno, si manifesta nel momento in cui la Coscienza, sotto forma di morale o regola istituzionale, confligge e impedisce la sensazione di sentirsi liberi.

Il problema di Coscienza infine, si configura come la possibile evoluzione, o per meglio dire, involuzione, di uno dei due problemi, indistintamente.

La radice del malessere nasce dall'idea che il Sogno possa vincolare la Libertà stessa e viceversa. Da qui nascono i nostri problemi e dalla loro definizione, con l'aiuto del Bambino interiore, ci accingiamo ad entrare nel buio della notte inconscia, alla ricerca delle radici del nostro malessere.

Molti persone che partecipano alle conferenze divulgative sulle discipline analogiche, rimangono impressionate dalla potenza di questi strumenti e dalla loro indiscutibile efficacia.

Soprattutto sorprendono, spesso anche noi allievi, i tempi ridotti con cui si arriva a definire l'origine del trauma e le cause dei turbamenti vissuti. Addirittura a volte, sorprende la facilità con cui si individua il meccanismo di difesa responsabile del problema e l'applicazione delle varie tecniche, per il suo superamento.

Ecco perché in questa parte del testo, più che soffermarmi sul suggestivo mondo delle dinamiche analogiche di Sogno, Libertà e Coscienza, preferisco rimandare il lettore ad altre fonti e tracciare un sintetico percorso metodologico, utile alla comprensione delle tecniche di riequilibrio emozionale.

CHI DI SPADA SUBISCE DI SPADA FERISCE

La seduta di riequilibrio emozionale
La prima regola da applicare in seduta di riequilibrio emozionale, parte dal presupposto che se lasciamo parlare l'interlocutore del suo problema, visto che ancora ne soffre senza averne trovato rimedio, seguendo le sue premesse, è probabile ci allontaneremo ulteriormente dalla possibile soluzione. Per qualche minuto gentilmente lo incoraggiamo a definire il focus del disagio, essenzialmente per verificarne la corrispondenza con il linguaggio non verbale espresso, mantenendo un attento sguardo anche al simbolismo comunicazionale prodotto. Da quel momento in poi, siamo noi a gestire in maniera attiva la seduta, lasciando spazio alle valutazioni logiche solo al termine del trattamento.

Non sono un Consulente analogico del tutto ortodosso. Nelle sedute di riequilibrio, rispetto ai canoni formativi didattici codificati, inserisco e integro anche tecniche apprese nei personali percorsi formativi: dal lavaggio energetico sui chakra di Nader Butto, alle costellazioni familiari di Bert Hellinger, fino ad applicare alcuni concetti della medicina di Richard Hamer o strategie comunicative apprese da Erickson Milton.

Esiste anche la questione etica che non va sottovalutata. L'esperienza mi ha convinto che le sedute di riequilibrio non devono creare dipendenza con l'utente.

Al massimo sei sedute, spesso non più di quattro.

L'analogica è nata essenzialmente come uno strumento finalizzato a sbloccare una situazione emotiva ortostatica e riflessiva, con il fine di far ripartire la persona nella vita, tramite un'azione motivante.

L'analogica è senz'altro uno dei migliori strumenti di facilitazione e auto aiuto oggi conosciuti, quasi tutti utili e dignitosi e certamente non l'unico.

L'Operatore Analogico deve porre assolutamente attenzione al contenuto verbale che si instaura tra lui e l'utente, ma limita tale interazione essenzialmente alla finalità di stabilire una empatia, una fiducia e una stima reciproca, per tutto il resto, cerca di interpretare al meglio il vissuto emozionale espresso.

E' altrettanto un dovere etico di ciascun operatore, informare costantemente e in tempo reale, su qualsiasi procedura o strumento analogico si intende adottare.

Secondo la mia personale opinione, la durata ottimale degli incontri, non deve superare i novanta minuti, ma nemmeno essere troppo breve. Il percorso deve concludersi sempre con la celebrazione del turbamento evidenziato, al fine di decomprimerlo, evitando di lasciarlo aperto, con conseguenze, qualche volta imprevedibili o al limite della pericolosità sociale.

I primi dieci minuti della seduta, come ho già premesso, sono finalizzati allo stabilire l'empatia con l'utente e per definire il focus del problema. La fase successiva, molto

utile, anche se non sempre utilizzata, è quella di procedere alla misurazione dei coefficienti simbolici energetici e al loro posizionamento sull'asse energetico.
Altri accorgimenti sono fondamentali per l'operatore analogico durante la seduta: come garantire riservatezza, l'assenza di giudizio, disponibilità e ascolto attivo nei confronti del tormentato cammino umano che la persona di fronte sta vivendo.
E' essenziale utilizzare tutti gli strumenti e conoscenze a nostra disposizione, perché è dimostrato che funzionano efficacemente, ma non va commesso mai l'errore di escludere il valore fondamentale che supporta ogni azione di aiuto: quello dell'Amore.
La tecnica non basta quando si entra nel mondo emozionale di un'altra persona.
Ogni seduta evidenza in maniera inequivocabile, come è sempre la mancanza di Amore all'origine di ogni sofferenza.
Ogni trauma viene compreso e poi risolto, soprattutto mettendo in evidenza le motivazioni sottese di amore negato o bloccato nel suo scorrere.
Infine, evitiamo qualsiasi forma di manipolazione, di uso improprio del potere e della fiducia che ci viene accordata, perché il rischio che accada esiste va sempre quindi tenuto costantemente monitorato.

I coefficienti dell'asse energetico
Terminato l'iniziale colloquio preliminare, la prima azione utile è determinare i valori energetici e trascriverli su un foglio, disegnandone la posizione completa, quella che io chiamo la fotografia emotiva.
Li si ricava, come già descritto, mettendo la persona in piedi a occhi aperti, facendo scorrere i tre simboli sull'asse energetico più volte, al fine di attivare i movimenti inconsci.
Innanzitutto si determina il coefficiente Ego, con il Cerchio, per comprendere se è avvenuto il passaggio in egocentrico.
Poi si passa a valutare i valori della Reattività (R) e del

Pathos (P). Successivamente si calcola la somma di P+R e si determina il Coefficiente Comparativo (CC) per valutare quanto si discosta dal valore ottimale di 100.
Più è maggiore lo scostamento del Coefficiente Comparativo da 100 e più è grande la turbolenza emotiva avvertita dalla persona. A seguire, ricavo poi il Coefficiente Distonico (P-R), tenuto conto che nella retta del benessere, tale valore equivale a + 40.
Il valore del Coefficiente Distonico così ottenuto, corrisponde alla profondità del problema presente nella persona.
Dobbiamo sempre prestare attenzione ai valori negativi molto alti del C.D. superiori a – 80.
Poniamo il caso di rilevare un Coefficiente Distonico = - 90, dove il Pathos è uguale a +30 e la reattività risulta uguale a +80. In questo caso avremo il C.D. = [+30 - (+80)] = - 50 che sommato alla differenza naturale del valore del benessere +40 da appunto [- 50 + (+ 40)] = - 90.
In questi casi consiglio di proteggervi da una Reattività così alta, al punto tale di aver annichilito il Pathos, indirizzando più appropriatamente il nostro ospite da altri qualificati operatori spirituali.
Siccome questi casi, fortunatamente, sono molto rari, proseguiamo con la nostra seduta di riequilibrio emozionale.
A questo punto tracciamo sull'asse energetico il Punto Utopico, che corrisponde alla metà esatta degli anni e che divide il passato dal futuro emotivo.

Codice del si e del no
Un potente e utilissimo strumento, per verificare e migliorare il nostro equilibrio emozionale, è il test del codice "Sì-No".
Quando si iniziano le sedute di riequilibrio, questo test spesso troppo trascurato, è il primo da sottoporre all'utente, subito dopo aver registrato i valori dei tre simboli, sull'asse energetico.

La posizione per effettuare bene il test è la solita già descritta. Posizione eretta, meglio a piedi nudi, braccia rilassate lungo i fianchi, occhi chiusi e gambe leggermente divaricate. Si invita la persona a liberare la mente facendola concentrare su un rumore esterno, sul proprio respiro o battito del cuore.

Il consulente analogico pone adesso la domanda: "Caro Io bambino, caro Inconscio, è vero o non è vero che ti chiami Vanni?, Attendo risposta" e attende la risposta che il corpo da, oscillando naturalmente avanti per il SI e indietro per il NO.

Il potenziale di questa misurazione, lo si stabilisce dai tempi di risposta. Se l'oscillazione, avviene, sia per il "SI" che per il "NO", entro i 3 secondi, i valori possono essere considerati ottimali, con una distonia nella norma. Quando i tempi si allungano oltre, siamo in presenza di un problema distonico che riusciamo a misurare quantitativamente. Vediamone le implicazioni generali.

Daris
Il trentenne è in piedi, rilassato con gli occhi chiusi, in posizione ortostatica. "Caro Io bambino di Daris, è vero o non e vero che ti chiami Daris? Attendo risposta ... 1, 2, 3... bene Daris, hai avvertito la spinta in avanti del corpo quando ho detto tre?". "Si". "Molto bene. Adesso caro Io bambino di Daris, è vero o non e vero che ti chiami Andrea? Attendo risposta ... 1, 2, 3, 4, 5, 6, 7, 8... bene Daris, hai avvertito la spinta indietro del corpo quando ho detto otto?" "Si".
Un esempio simile, mette in luce che Daris ha una normale distonia sul "Si" entro i tre secondi per cui riesce a dire di "Si" a ciò che vuole e desidera senza problemi. Invece, con una distonia mediamente alta sul "No" di 8 secondi, Daris inconsciamente denuncia una incapacità a dire di "No" a quello che non vuole, verso situazioni o scelte che non gli piacciono.

Daris avverte questa distonia, ed è fondamentale aiutarlo a comprendere come questo blocco si attivi soprattutto nei confronti delle persone per lui significative. Dietro questo blocco che definiamo "Condizionamento", lui rinuncia ad una parte di sè, per ottenere stima e considerazione dalle persone per lui significative. In sostanza chiede di essere amato e accettato. Siccome soffre questa insufficienza, allora Daris per così dire, "si piega" alla volontà altrui, con la finalità di essere riconosciuto e accettato come oggetto di amore.

E' molto importante spiegare a Daris logicamente questa dinamica, lo ripeto, perché produce una catarsi interiore. Va sottolineato come tale atteggiamento, fin dalla sua genesi, abbia prodotto in lui un disagio crescente, con un inconscio che è, per così dire, "visibilmente arrabbiato con te Daris, per il fatto che rinunci ad essere te stesso".

Consigliamo quindi a Daris di cominciare a pronunciare la parola "No", lo invitiamo a farlo in più circostanze e occasioni, per ridarsi dignità ascoltando maggiormente la propria volontà, senza preoccuparsi troppo delle terribili conseguenze temute.

Soprattutto, suggeriamo di sperimentare emozionalmente nel quotidiano, negazioni semplici, dapprima con un minimo di pathos, per riacquistare gradualmente fiducia al suo sentire e abbattere pian, piano, come un domino, i suoi vincoli, fino ad arrivare un giorno, ad affrontare il grande "NO" verso la figura genitoriale o parentale causa del suo condizionamento. "Vedi Daris, potrebbe essere che tua madre non abbia ricevuto amore dai suoi genitori, magari l'educazione o la cultura ai tempi era rigida, anaffettiva, succede sai, per questo devi lavorare con te stesso per comprenderla, accettarla e perdonarla. Potrebbe anche accadere che man mano esci da questo tuo blocco e fai emergere finalmente chi sei, tua madre avverta questi cambiamenti e diventi un giorno più morbida con te, grazie proprio al coraggio che hai trovato oggi di affermare finalmente te stesso!"

Il negoziato

Dopo la fase di stimolazione, il test simbolico ed aver eseguito il codice del "Sì-No", non possiamo incamminarci dentro l'inconscio a cercare l'origine e la causa del disagio vissuto, senza prima passare dalla fondamentale fase del negoziato con il Bambino interiore. La strada che porta alla scoperta del nostro trauma originario, passa sempre attraverso questo scambio di informazioni con L'Io Bambino.

L'Inconscio utilizza un metodo semplice ed efficace per darci risposte, ma quando dobbiamo scendere a cercare in profondità, nella cantina buia delle nostre più recondite paure, non sempre otteniamo subito risposta.

Dipende dal servizio che diamo all'inconscio, in termini di fiducia e di emozioni, dal potenziale maturato per aggirare i meccanismi di difesa che lo impauriscono ad aprirsi. Per ottenere una buona dose di affidabilità, dobbiamo prima dare qualcosa in cambio all'Io Bambino e l'unica che desidera è quella Stima e Considerazione che gli manca. Questo passaggio chiave, lo faremo interrogandolo sui cinque punti distonici per conoscere dove si annida il maggior bisogno di stima e considerazione.

Trovato il punto distonico, cerchiamo di far luce, nel verso e nell'inverso, di qual è l'esigenza inappagata e formuliamo ipotesi per il suo superamento. Vedremo con una frequenza assidua e quasi inaspettata, che dietro questo disagio c'è sempre un vincolo a fare o non fare, una paura inconscia dovuta ad un amore incondizionato non dato o non ricevuto.

Ottenuta una chiara risposta, va stipulato con sincerità un patto con il proprio "Io Bambino" per ridare Stima e Considerazione all'esigenza emersa, onorando poi gli impegni presi.

Il negoziato è veramente un ottimo strumento di "Pronto soccorso analogico", da utilizzare anche nelle situazioni imprevedibili.

Il negoziato può essere impostato in ogni situazione di disagio o sofferenza. Ad esempio stiamo prendendo l'aereo e ci sentiamo in panico per la paura? Impostiamo subito la chiave di accesso e un bel negoziato con l'Inconscio, domandando su quale punto distonico vuole stima e considerazione, attraverso un'azione correttiva, per attenuare immediatamente la nostra ansia. Provate funziona!
Dobbiamo sapere che le potenzialità del negoziato sono molto, molto più ampie di quelle appena descritte. Va bene l'analisi dei cinque punti distonici, ma si possono ottenere gli stessi risultati negoziando un'azione con un forte impatto emotivo, come può essere esprimere quel concetto verso la persona che temete, oppure negoziare un traguardo comportamentale, o ancora mettendo in atto un'azione o comportamento che rasenti la vergogna o il giudizio.

Il punto "G" dell'Anima
Solo dopo aver caricato emotivamente l'Inconscio con il test, il codice del SI-NO e la fase del negoziato, riferita al focus denunciato dall'individuo all'inizio di seduta, si passa alla fase più delicata del riequilibrio, la determinazione del Turbamento Base (TB).
"Caro Io Bambino, è successo un fatto nella tua vita che se non fosse successo, tu oggi non avresti questo disagio, questo problema, questo turbamento, questo sintomo, che non ti consente di Essere ciò che vorresti Essere, che non ti consente di Avere ciò che vorresti Avere. Ci vuoi dire, caro Io Bambino a che età è successo questo evento? Attendo risposta"
Se a questo punto l'Inconscio spinge il corpo in avanti siamo pronti per definire con lui anno, stagione, luogo, contesto e uno o più personaggi responsabili dell'evento accaduto, quasi sempre rimosso.
Ottenuta una chiara risposta, noi abbiamo finalmente definito il cosiddetto Turbamento Base, il trauma che ha dato origine al problema, quello che io amo definire "Il Punto G

dell'Anima", l'origine di tutte le nostre sofferenze inconsce, l'esperienza che, come un vestito, ci portiamo addosso per tutta la vita; la forma che abbiamo scelto di dare alla nostra Anima prima di incarnarci, quella che condizionerà scelte, esperienze, amicizie e amori, agganci e sganci emotivi di questa nostra esistenza.

Turbamento Base e Turbamento Relativo
Il Turbamento Base, definito anche "Antefatto", è il primo conflitto accaduto che ha generato quel tipo di paura o quel particolare vincolo. Per tale motivo, ha sempre come responsabili le figure genitoriali o parentali di riferimento.
E' in sostanza il perno conflittuale dove tutt'attorno, girano e si condizionano: azioni, esigenze, maschere, conflittualità, benessere e malessere.
Gli studi benemegliani hanno anche classificato e definito la correlazione temporale tra i conflitti vissuti ed i conseguenti complessi o paure. Così troviamo la paura del rifiuto affettivo, in una età compresa fra 0 e 5 anni; il complesso della comparazione fallimentare, collegato alla vergogna, tra i 6 e 11 anni; il condizionamento a fare o non fare, collegato alla rinuncia di sé,, tra gli 11 anni e l'età del Punto Utopico.
Trovato l'anno del Turbamento Base, possiamo incredibilmente ricavare in automatico anche il "Fatto" o Turbamento Relativo (TR), sommando la cifra corrispondente agli anni del TB al valore del Punto Utopico. A circa quell'età andiamo a ricercare con l'aiuto dell'Inconscio, un secondo personaggio significativo nella vita dell'individuo che rappresenta la correlazione analogica tra i due eventi, nel verso e nell'inverso, in un ciclo analogico del problema che, per sua natura, come una coazione a ripetere, tende a ricreare l'emozione originaria vissuta nel TB, tanto forte e intensa.
Se il Turbamento Base ha origine nel conflitto genitoriale, altrimenti chiamato conflitto evolutivo, il Turbamento Relativo può essere definito come il riflesso del Turbamento

Base nelle successive circostanze di vita e che prende vita, grazie ai meccanismi dell'analogia.

Il Turbamento Relativo, si configura quindi come una sorta di reincarnazione del Turbamento Base nelle successive situazioni di vita dell'individuo.

In sostanza, è come se il Turbamento Base non smettesse mai di dispiegare i suoi effetti attraverso il Turbamento Relativo. Già, ma perché lo fa? Per una dinamica emotiva solo apparentemente paradossale. Ben compresa questa dinamica, si intuisce l'intero sistema analogico.

Per rigenerarsi, il Turbamento Base ha costante bisogno di Sentimenti e Risentimenti compressi, per tale motivo, crea il Turbamento Relativo, con cui viene bloccata l'espressione del Sentimento o del Risentimento, divenendo fonte di alimentazione dello stesso Turbamento Base.

Sembra ragionare al contrario l'inconscio vero?

Tutto deriva dal fatto che con la crescita, l'individuo comincia ad entrare in contatto con un contesto sociale, dove la famiglia d'origine, rimarrà sempre la lente o l'imprinting attraverso la quale guarderà la vita. Ecco perché, inconsciamente, egli tenderà sempre ad eleggere nell'ambiente circostante dei duplicanti, delle figure che diverranno poi significative più di altre, per via della loro capacità di riprodurre le medesime tensioni vissute nel Turbamento Base.

Determinata l'età del Turbamento Relativo e definito anche il personaggio responsabile dell'evento emotivo, abbiamo così posizionato sull'asse energetico ben due personaggi ed eventi significativi, collegati al disagio vissuto dalla persona in seduta.

Vediamo ora di definire, altri due eventi, fatti e persone che entrano prepotentemente in scena, collegati alla medesima dinamica di sofferenza, disagio o paura.

Il 3° e 4° fantasma

Le discipline analogiche si arricchiscono ogni anno, sempre di nuove e affascinanti rivelazioni che il maestro Benemeglio, intuisce e scopre grazie al suo instancabile lavoro con centinaia e centinaia di pazienti.

Definiti gli eventi e i personaggi legati al Turbamento Base e Relativo, altri figure significative si affacciano come fantasmi nascosti, nel vissuto emotivo della persona, con analogie e caratteristiche molto interessanti, da meritare un ulteriore approfondimento.

La definizione temporale del terzo fantasma, è scientificamente solo un mero calcolo matematico.

Per calcolare l'età dell'evento, dove un terzo personaggio ha riprodotto un fatto, in analogia col Turbamento Base, basta sommare TB con TR e dividere per due la somma ottenuta. L'età così ricavata, viene definita Punto Topico (P.T.) e riveste una particolare importanza, perché corrisponde, con la conclamazione nell'individuo, del Pensiero Dominante la sua mente e la sua emotività. Vediamo come si forma e si struttura tale pensiero.

Grossomodo nella fase adolescenziale, il ragazzo/a definisce, quasi senza esserne cosciente, il punto distonico dove presume, che il genitore del medesimo sesso, abbia fallito nella vita.

Sarà proprio in quest'area, in questo presunto difetto nel genitore che, per paura dell'emulazione del mito genitoriale di assumere lo stesso difetto, il ragazzo/a andrà a confrontarsi con certe modalità nelle relazioni con i coetanei, incarnando e sviluppando quel processo di crescita ed identificazione che lo farà diventare un adulto, "Altro" dal genitore.

Questo percorso evolutivo, stimolato e motivato emotivamente dalla paura di fallire, proprio come è successo al padre/madre, troverà il suo campo di battaglia, proprio nell'ambito della vita dove il genitore del medesimo sesso ha fallito: nei rapporti affettivo sentimentali, o in quelli seduttivo sessuali oppure nell'auto realizzazione del lavoro, successo o benessere personale.

Questo graduale processo, per sua natura, sfocia inevitabilmente in un atto di ribellione verso la figura genitoriale. Se l'adolescente dall'atto di ribellione ne esce vincente tutto procede verso una crescita serena e appagante.

Se invece, l'atto di ribellione fallisce, l'individuo perdente si dichiara sconfitto e arriva inevitabilmente a conclamare la "Profezia Genitoriale" sfociante nel "Pensiero Dominante" che, come un tarlo nella mente, lo condizionerà per il resto dei suoi giorni.

Il Pensiero Dominante può essere classificato in tre tipologie: di Sventura, di Impedimento o di Incapacità.

Il pensiero dominante di Sventura è la Profezia lanciata da un genitore del tipo: "Se sceglierai quell'uomo squattrinato finirai male!". Qui il genitore condiziona l'agire della figlia affermando che qualora ella dovesse compiere determinati atti o scelte, si verificherà prima o poi una disgrazia che la porterà inevitabilmente al fallimento.

L'individuo tormentato dal Pensiero Dominante di Sventura, riterrà sempre di essere sfortunato, che il Destino non sia mai dalla sua parte e che il fallimento sia una costante della sua vita.

Il pensiero dominante di Impedimento invece, condiziona l'individuo a tal punto, per cui temerà sempre che fattori o cause esterne possano ostacolare il raggiungimento dei suoi obiettivi. Qui il genitore influenza l'agire del figlio attaccando personaggi esterni, giudicandoli come ostacoli che lo sfavoriranno, fino a farlo fallire nella vita.

Il pensiero dominante di Incapacità, infine, è la Profezia Genitoriale che, come un anatema, va a sminuire le capacità del figlio, fino a farlo sentire incapace di affrontare determinate situazioni. Anche qui l'individuo rimane vittima di questo pensiero e riterrà sempre di non possedere qualità e doti necessarie a raggiungere i propri obiettivi, bloccandosi nell'intenzione, fin dalle prime difficoltà.

Fatta questa precisazione sul Pensiero Dominante, torniamo ai nostri fantasmi.

Il terzo personaggio fantasma, che analogicamente si lega al problema denunciato, lo andremo così ad individuare all'età coincidente con il Punto Topico.

Anche questo evento, in seduta di riequilibrio, va celebrato e decompresso.

Per definire infine, il quarto personaggio fantasma significativo del problema, ci facciamo aiutare ancora un po' dalla matematica. Abbiamo già definito le età sia per il Punto Topico che per il Turbamento Base. Se facciamo la loro differenza, troviamo un numero, che, senza entrare qui nel dettaglio, gli analogisti chiamano "Coefficiente temporale di distorsione".

A questo punto basterà togliere tale numero al Turbamento Base per ricavare l'anno dove si insinua il quarto personaggio significativo.

Se il risultato ottenuto si dovesse collocare teoricamente prima del nostro anno di nascita, allora in questo caso, andremo a definire il quarto personaggio fantasma, aggiungendo il numero corrispondente al Coefficiente di Distorsione al valore ricavato dall'età del Turbamento Relativo.

Quale vuoi decomprimere?
Nel corso di almeno quattro sedute di riequilibrio emozionale, l'analogista passa a decomprimere, una alla volta, tutte e quattro le situazioni vissute dall'individuo, i relativi personaggi venuti allo scoperto che le hanno determinate, lasciando sempre all'inconscio, scegliere quale affrontare.

Rievocato il responsabile dell'evento e fatto riemergere sofferenze o rancori collegati all'esperienza, rivisitati con la memoria, luoghi, suoni, odori e contesti, il nostro ospite, aiutato dalla nostra voce ed esperienza, rilascerà tutta

l'energia emotiva accumulata che, spesso come un vulcano eruttante, si libera con inaudita potenza.
A questo punto mancano ancora essenzialmente alcuni passaggi fondamentali, che andremo ad affrontare nei prossimi paragrafi.

SE IL DUBBIO UCCIDE, IL SEGRETO RENDE SCHIAVI

La maschera
Quando si vive un disagio, un complesso o un problema, alla radice esiste sempre un'offesa ricevuta alla propria dignità di uomo/maschio o di donna/femmina.
A questo torto ricevuto, la persona risponde coprendo tale disagio con una maschera che ha alcune caratteristiche specifiche. La maschera indossata è sempre un troppo che va a colmare un poco.
In questo carnevale possiamo muoverci con una certa destrezza se ne conosciamo i retroscena. Se incontriamo una super femmina, tacchi a spillo e femminilità pronunciata, molto probabilmente sta indossando una maschera che riflette il suo sentirsi difettosa o debole negli aspetti di donna istituzionale, nel ruolo di madre o moglie. Inconsciamente, senza averne coscienza, sta potenziando il suo essere femmina a discapito del suo essere donna, evidenziando così il suo il problema di libertà vincolata da un conflitto genitoriale di scelta.
Viceversa, una donna castigata nel vestire e apparentemente poco interessata alle parvenze, molto probabilmente sta indossando una maschera che riflette il suo sentirsi difettosa o debole in quanto femmina, nel ruolo trasgressivo di amante (sesso con amore) o in quello di puttana (sesso senza amore). Inconsciamente sta potenziato il suo essere donna perché in quel ruolo, si sente più forte, evidenziando all'analogista

attento, il suo bisogno nascosto di riuscire a vivere un sogno, peraltro vincolato da un conflitto, causato da altri da sé.
La prima femmina tenderà ad agganciarsi a chi la illude di un futuro fatto di solide certezze, apprezzando un maschio concreto e poco trasgressivo, mentre la seconda donna sarà sensibile a chi sarà capace di illuderla, accompagnandola per mano dentro una bellissima favola, cioè un maschio idealista e spiccatamente trasgressivo alle regole.

I sigilli
Gli ultimi aggiornamenti elaborati da Stefano Benemeglio nel campo delle problematiche umane ci portano a focalizzare l'attenzione su un emblema molto particolare: il Sigillo.
Ogni qualvolta un individuo accusa un problema, ad esso è sempre connesso uno o più sigilli, cioè uno o più vincoli.
Il Sigillo viene definito tale, per via della sua capacità di bloccare l'individuo, in una condizione di incapacità all'azione, impedendogli di conquistare i suoi obiettivi o di fare le proprie scelte in libertà. Questo avviene per un semplice motivo: i Sigilli rappresentano le paure più profonde e in quanto tali, impediscono l'azione.
I Sigilli vengono percepiti dall'individuo, quasi fossero delle "sanzioni" che egli si ritroverebbe a pagare, qualora agisse per abbattere i propri limiti e uscire così dal problema.
I Sigilli hanno pertanto sull'individuo una valenza ipnotica, poiché in loro balia, egli si sente come condannato alla cosiddetta "posizione ortostatica" di fronte alle difficoltà.
Una condizione di impotenza e di incapacità a reagire, di fronte ai vincoli reali che impediscono e bloccano il raggiungimento dei piccoli o grandi traguardi di vita.
Si può quindi affermare che i Sigilli, fungono da vero e proprio meccanismo di difesa, posto in essere, al fine di impedire alle persone significative della vita, di infliggere, al pari di quanto accaduto in passato, sofferenze o rancori.
Agire in qualità di meccanismo di difesa, significa pertanto,

agire in funzione di impedire ai turbamenti di riaffiorare nel presente e arrecare all'individuo rabbia o sofferenza. Una dinamica naturale che agisce di conseguenza sulla compressione e decompressione sia del Pathos che della Reattività, formanti il turbamento.

I Sigilli, oltre a rappresentare le nostre paure e vincoli, giocano un ruolo determinante nel contesto comunicativo. Se è vero che l'aggancio emotivo si realizza quando siamo in grado di somministrare la giusta dose di tensioni, intesa come un giusto equilibrio fra penalizzazioni e gratificazioni, è altrettanto vero che se nel fare ciò, sensibilizziamo in aggiunta, il turbamento rappresentato dal Sigillo del nostro interlocutore, abbiamo tra le mani un ulteriore leva di inestimabile valore, che se ben dosata è capace di farci ottenere l'assenso e il consenso desiderati.

Un corpo che esprime bisogni
Provate adesso anche voi a mettervi in piedi, mani rilassate lungo i fianchi, gambe leggermente divaricate, niente chewing gum in bocca per evitare di scaricare impropriamente tensioni.

Ora chiudete gli occhi, lasciando la mente il più possibile sgombra di pensieri, compreso il riflettere se siete mancini o destrimani, questa nuova scoperta funziona indistintamente per tutti allo stesso modo.

Adesso cominciate a muovere le dita della vostra mano destra strofinandole fra loro, come a contare dei soldi di carta. Che succede? Il vostro corpo comincia ad oscillare in avanti o indietro? Molto bene, allora dovete sapere che un'oscillazione del corpo in avanti strofinando con la mano destra, rappresenta il vostro bisogno emotivo, reale ma frustrato, degli aspetti istituzionali deficitari per la vostra felicità come: lavoro, preoccupazioni economiche, famiglia, figli, problemi di sopravvivenza.

Se l'Io Bambino spinge il vostro corpo in avanti strofinando la mano destra, desiderate più istituzione per un eccesso di trasgressione vissuta, se al contrario vi spinge indietro, vivete troppa istituzione e avete voglia di trasgredire. Corpo indietro equivale a tutto ciò di cui non avete bisogno. Corpo in avanti con la mano destra, significa anche che in voi prevalgono le paure che bloccano la voglia di libertà.

Tendete ad essere iperlogici, razionali, con forti emozioni di risentimento e l'attitudine a controllare gli altri vivendo con le antenne alzate. Riconducete la causa della vostra attuale ridotta volontà e determinazione nel decidere, al conflitto vissuto con un genitore o con le figure parentali istituzionali e temete in generale di essere sanzionati ingiustamente.

Al contrario, se avvertite la voglia di trasgredire, di volare, di innamorarvi come un tempo, di conquistare il vostro sogno nel cassetto, provate a cambiare mano e strofinate le dita stavolta con la mano sinistra, percepirete come d'incanto una naturale spinta del vostro corpo in avanti.

Bello no? Soprattutto immediato e facile da decodificare.

Da utilizzare soprattutto quando state conversando con qualcuno e sapete perché? Presto detto, il corpo del nostro interlocutore, comunque si muoverà in avanti o indietro, rivelandoci la sua generale esigenza, anche se saremo noi con le mani o il braccio, a gesticolare nella conversazione. E tutto a sua insaputa, fantastico!

Chiunque di noi va cercando, non sempre consciamente, l'appagamento delle proprie esigenze. Spesso, conoscendo quelle dell'altro, avremo modo di comprendere più a fondo anche le nostre, dal grado di emozioni riflesse avvertite.

La decodifica del linguaggio non verbale, senza dubbio, ci offre il piacere e lo slancio che deriva dalla facilità a costruire rapporti empatici, capaci anche di trasformarsi talvolta in solide amicizie se non in travolgenti amori.

Testimoni, Sigilli, Guardiani e Mastri
I Sigilli tipici di ciascuna problematica umana sono sempre gestiti, nella nostra quotidianità, da un individuo definito "Testimone", in grado di impersonificarli, amplificarli o

ridurli.

Tali soggetti, come abbiamo già visto in precedenza, prendono il nome in gergo tecnico, di Mastri di Chiavi, emblemi trasgressivi, o Guardiani di Porta, emblemi istituzionali, che possono essere idee, cose o persone e con le quali l'individuo si relaziona in misura significativa.

In genere, nelle dinamiche comportamentali di tutte le persone, entrambi consumano il proprio "potere" per conquistare l'egemonia, all'interno del sistema mentale dell'individuo, lottando con il suo elemento opposto.

L'egemonia di un elemento sull'altro, determina la gestione del problema e di tutti i dinamismi relativi, tra cui appunto i Sigilli.

La gestione delle nostre paure, appartiene quindi ad alcuni soggetti, di cui quotidianamente ci circondiamo e la cui opinione, ha un così forte ascendente su di noi, al punto di impedire spesso le azioni che vorremmo porre in essere.

In particolare, i soggetti in grado di limitare la nostra capacità di azione, prendono il nome di Guardiani di Porta, espressione di ruoli istituzionali, aventi la funzione di scoraggiare l'espletamento della nostra emotività. Il loro ruolo è quello di farci riflettere, talvolta in misura anche eccessiva, sulle conseguenze e sui pericoli di determinate scelte o azioni.

I Mastri di Chiavi, al contrario, sono invece gli emblemi della trasgressione, il cui nome, deriva dalla loro capacità di detenere le chiavi dell'emotività dell'individuo, scoraggiando il comportamento di doveri e responsabilità. Il ruolo di tali soggetti, è quello di spingere l'individuo a mettersi in gioco, a vivere situazioni piacevoli ed eccitanti, spingendolo a passare all'azione.

Collegandoci al paragrafo precedente ciò, si traduce in una semplice e quanto mai geniale constatazione: se la persona avanza il corpo muovendo la mano destra, sta esprimendo la necessità emotiva di volersi agganciare ad un Guardiano di Porta istituzionale; viceversa, se lo spostamento è dato dalla mano sinistra, sta esprimendo la necessità emotiva di volersi agganciare ad un Mastro di Chiavi trasgressivo.

Ciò immediatamente permette all'operatore, nel momento in cui muove un braccio o una mano di fronte all'interlocutore, di acquisire una mappa fondamentale delle esigenze emotive espresse.

La lettura in tempo reale di questi semplici movimenti e dei sigilli ad essi associati, ci permettono immediatamente di classificare sia le esigenze che il ruolo gradito dal nostro interlocutore.

Lo spostamento in avanti del corpo, strofinando le dita di una mano piuttosto che dell'altra, può cambiare nel corso dei mesi, col variare delle esigenze emotive vissute e di questo dobbiamo tenerne conto. Solo il simbolo Alimentatore, corrispondente alla nostra conflittualità con il genitore, non cambia mai, dalla nascita fino al trapasso, mentre le esigenze emotive invece, cambiano a secondo dei bisogni.

Ritorniamo indietro per un attimo e riprendiamo un aspetto particolare. Abbiamo chiarito che quando oscilliamo in avanti muovendo la mano sinistra, soffriamo di troppa istituzione, troppi doveri e vogliamo trasgredire con lo slancio un bel sogno da vivere. Aggiungiamo però un altro pezzo a questa constatazione: non è il sogno in sé ad agganciarci ma l'illusione di poter vivere il sogno che ci coinvolge. Infatti, il suo realizzarlo, come sottolinea efficacemente Benemeglio, spegne le emozioni e le esaurisce! Strana l'analogica.

Andiamo dunque a conoscere questi Sigilli capaci di bloccare l'azione, facendoci agganciare a persone capaci di stimolarli.

Per chi avanza con la mano sinistra, i sigilli sono quattro: paura dell'Abbandono affettivo; Disistima; Senso di Colpa e paura del Giudizio degli altri. L'individuo che vive uno o più di questi Sigilli, tende ad attribuire la causa di questa paura agli altri da sé.

Quando invece oscilliamo in avanti con la mano destra, soffriamo di troppa trasgressione e abbiamo voglia di istituzione, di cose meno effimere e più concrete, vogliamo solide certezze. O meglio, come abbiamo appena visto, l'illusione di solide certezze!

I Sigilli che bloccano questo tipo di azione, dovuta ad un Guardiano di Porta troppo debole, sono tre: paura del Rifiuto affettivo, complesso della Comparazione fallimentare con senso di Vergogna e Condizionamento a fare o non fare, rinunciando a sé. L'individuo che vive questo tipo di Sigilli tende ad attribuire la causa dei propri problemi ad almeno uno dei due genitori.

Quando poi questi problemi si storicizzano e diventano più profondi, la persona può cadere in uno stato definito "di aberrazione" attribuendo a Se Stessa la causa dei problemi vissuti, raggiungendo un livello di disagio decisamente più profondo e doloroso.

In tal caso, il corpo della persona denuncia il problema, spostandosi in avanti anche quando ci si tocca e accarezza la testa. Si definiscono Sigilli della Coscienza o Rammarichi e sono tre. Essi sono in grado di impedire all'individuo, di comportarsi in maniera adeguata di fronte alle difficoltà, attivando reazioni sintomatiche anziché strategiche. Sono di fatto espressione del dubbio profetico genitoriale, della prevaricazione della parte riflessiva sulla ragione, ed hanno come protagonista il Pentimento, conseguenza ad un atto di ribellione fallito.

Pentimento per Rimpianto, per qualcosa che si avrebbe voluto fare e non si è fatto; pentimento per Rimorso per qualcosa che si è fatto e non si avrebbe voluto fare; pentimento per Rancore per aver pensato male del Testimone che ha arrecato torto all'individuo.

Tale rancore si esprime come forte meccanismo di difesa o di offesa verso se stessi o gli altri.

Hai giustificato il torto ricevuto?
Tutti gli aspetti fin qui rilevati, sono eccezionali informazioni per l'analogista in seduta di riequilibrio, al fine di decodificare le inclinazioni e i vincoli della persona sofferente.

Il fine delle sedute però, oltre quello di decomprimere il trauma e i conflitti vissuti dall'individuo, è riuscire a far comprendere allo stesso, che l'energia compressa dei Sigilli, responsabili della paura, dell'angoscia, dell'ansia o del panico, può essere trasformata e utilizzata a proprio favore, per ottenere prestazioni, benessere e qualità della vita, con la tecnica già illustrata del negoziato.

Il Sigillo non può mai essere cancellato dal vissuto della persona, tuttalpiù può essere compreso, accettato e ben gestito nelle sue dinamiche. Il suo potenziale energetico è molto alto e l'Io Bambino cercherà sempre nel quotidiano, una quantità di energia e di emozioni equivalente a quella vissuta nel Turbamento Base, sia essa buona o cattiva, utile o dannosa.

Si tratta quindi di guidare la persona in riequilibrio, verso quella fonte, di aiutarlo con pazienza nella tecnica di attivarne volontariamente i meccanismi anziché evitarli, di farsi cioè amico il Bambino interiore, anziché avversario.

Per giungere ad una tale consapevolezza e benessere però, non basta nemmeno sistemare tutti gli aspetti emotivi del problema, ma va elaborata contestualmente una ristrutturazione cognitiva dei concetti, insiti nella persona, riguardo ai propri vincoli.

Definiti e decompressi uno o più Sigilli e rielaborati nel contesto logico entro il quale si sono generati e sviluppati, si passa alla fase finale della seduta di riequilibrio.

Si formula cioè la domanda chiave: "Caro Io Bambino, hai giustificato il torto ricevuto da …? Attendo risposta. … E tu parte logica, … hai giustificato il torto ricevuto da …? Attendo risposta"… A questo punto del percorso, si verifica se c'è allineamento nelle risposte ricevute. "Si-Si" oppure "No-No", ma anche Si-No oppure No-Si.

In caso di mancato allineamento, ci veniamo a trovare in una condizione di accanimento, per cui si opera pazientemente fino ad ottenerlo, decomprimendo il Sigillo e i Rammarichi, con una celebrazione dei fatti, minuziosa e puntuale.

In caso di allineamento "No-No" si procede, prima focalizzando l'obiettivo dell'Accettazione del torto ricevuto dal personaggio responsabile e, solo poi, successivamente, del Perdono. In caso invece, di allineamento "Si-Si", si procede focalizzando l'obiettivo del Perdonare se stessi per il torto ricevuto e questo è forse il traguardo più impegnativo in assoluto da raggiungere.

Perdono e Accettazione
Come abbiamo già illustrato, durante la nostra vita quotidiana, viviamo costantemente condizionati dall'originaria conflittualità genitoriale, sotto forma di paura di assumere gli stessi vizi e difetti comportamentali del genitore causa.

Adesso però abbiamo considerare anche la necessità di andare oltre, nell'aiutare la persona in seduta, sia che il disagio originario riguardi il rapporto con un genitore, oppure con l'altro.

Perché tale riferimento parentale deve anche essere accettato nei suoi difetti, non basta il riconoscerli o rifuggirli. Tali difetti, avvertiti attraverso la paura dell'emulazione del mito genitoriale, coincidono spesso con il nostro male nascosto, con la parte negativa di noi che non accettiamo. Realizzare questa consapevolezza equivale ad accettare sia il nostro male che i difetti del genitore causa. Oltrepassata questa impegnativa fase, si giunge naturalmente all'ultimo stadio dell'accettazione e del Perdono.

L'accettazione è uno livello sicuramente precedente il perdono. Si tratta di arrivare quasi paradossalmente ad accettare e perdonare quei difetti, quei torti fatti o subiti,

comprendendone, con assoluta compassione, le dinamiche più recondite e dolorose.
Sia il passaggio dell'Accettazione, che quello del Perdono, sono i gradini più ardui da scalare, ma quasi sempre risultano risolutivi del problema vissuto dalla persona.
Perdonare se stessi poi, sembra essere davvero il traguardo più difficile in assoluto.
Metodologicamente, per facilitare la catarsi, o come io amo chiamarla, la ristrutturazione emotivo - cognitiva, utilizzo alcuni strumenti a supporto, come il concentrarsi, rilassati in poltrona, osservando il disegno di un Mandàla con al centro la foto del personaggio da perdonare, il tutto accompagnato da una musica canalizzata in medianità da un bravo musicista.
Tutti strumenti utili a stimolare la compassione e l'Amore incondizionato originario.
Perdonare il genitore o se stessi, vuol dire sentire una vera e profonda accettazione e compassione per gli errori commessi. Significa riuscire ad entrare in uno stato di pace interiore, guardando dall'alto i traumi vissuti e comprenderli come potenzialmente evolutivi della propria anima, fino a sentirsi immersi e parte, dell'unica grande energia universale che ci ha creati: l'Amore incondizionato di DIO.
Sono altrettanto convinto che il passaggio chiave, per raggiungere il perdono, sia la comprensione completa delle dinamiche, cause e situazioni che hanno spinto il personaggio o noi stessi a comportarsi in quella tale modalità, a volte violenta, in un contesto apparentemente senza Amore. E' qui che l'analogista, seppur servendosi a volte anche della preziosa logica, può aiutare a disegnare un orizzonte emotivo, nuovo e diverso, capace di ribaltare la percezione ed il significato dell'evento traumatico vissuto.
Spesso capita anche che il personaggio da perdonare sia già defunto. Oppure che il perdonare se stessi possa essere raggiunto o facilitato dall'incontro e dal colloquio, tramite un medium serio e affidabile, proprio con il caro estinto.

A volte lo consiglio e spesso risulta essere una meravigliosa esperienza.

Infine, al termine dell'incontro, verifico sempre la profondità del risultato raggiunto, ovviamente tramite il Bambino interiore, al quale chiedo espressamente: "Caro Io Bambino, adesso che hai compreso le cause che hanno portato l'altro a ferirti, adesso che hai capito che tu stesso hai scelto quella famiglia, quei genitori, quelle difficoltà prima di incarnarti, ora che hai compreso che tu stesso hai scelto di vivere queste dinamiche e paure per far evolvere la tua Anima, sei pronto adesso ad accettare e perdonare il personaggio che ti ha ferito?" Oppure: "Sei disposto a perdonare te stesso per la reazione ed il comportamento che, in risposta ad una paura o al dolore provato, hai messo in atto?"

Vi assicuro che è una grande emozione sentire il Bambino interiore rispondere affermativamente a queste domande.

Adesso fermiamoci un istante ad osservare gli occhi della persona che abbiamo di fronte: scopriremo che brillano di una luce diversa, più viva, una nuova consapevolezza piena di Amore.

Adesso ascoltiamo il brivido di commozione che sale lungo la schiena, anche a noi operatori.

"Dal profondo di te stesso, il tuo Bambino interiore ti ha dimostrato che ora vuole accettare, vuole perdonare e amare, adesso finalmente è riuscito a farsi sentire anche da te, ora lo sai, non puoi più non saperlo. Prendi tutto l'amore che hai nel cuore e vai con coraggio e orgoglio nella vita, adesso finalmente sii te stesso!"

TUTTO CIO' CHE AVRAI CRITICATO E GIUDICATO NEGATIVAMENTE NEL GENITORE DEL MEDESIMO SESSO, TEMERAI PER TUTTA LA VITA DI AVERE IN TE GLI STESSI VIZI E DIFETTI COMPORTAMENTALI.

TUTTO CIO' CHE AVRAI CRITICATO E GIUDICATO NEGATIVAMENTE NEL GENITORE DI SESSO OPPOSTO, TEMERAI PER TUTTA LA VITA DI AGGANCIARTI EMOTIVAMENTE A PERSONE CHE HANNO GLI STESSI VIZI E DIFETTI COMPORTAMENTALI.

PARTE SECONDA

Il Punto "G" dell'Anima

"Lupus in fabula"

La mano ruvida di papà era più fredda del solito. La sua carezza leggera, dolce e consolatoria, di colpo, tutto ad un tratto, mi gelò. Fu un istante breve, infinito, che cambiò per sempre la mia vita. Il suo respiro che amavo immaginare di dolore e di solitudine, improvvisamente cambiò e gradualmente si fece ansimante.

Quella sera, il suo abbraccio non si mescolava come succedeva talvolta, alle lacrime che mi bagnavano le spalle e serrare gli occhi, per tutto quel suo dolore.

Le sue dita presero ad insinuarsi più furtive sul mio corpo di bambina, dapprima sul collo, poi su e giù per la schiena, sui fianchi. Appena sotto l'ascella, la mano si fermò, trattenne per un attimo il movimento e con decisione si allungò ad afferrare il seno in fiore, senza tenerezza, stringendolo troppo forte.

Mentre il suo respiro si faceva più caldo e pesante, sentivo la mia anima che pian piano, si chiudeva ai rumori del mondo e cominciava a volare altrove, lontano, fuori da quel corpo violato.

D'un tratto, la sensazione del suo "coso" ingrandirsi contro le mie natiche, mi serrò i denti in un brivido glaciale: "No papà, ti prego, non farlo, non sono la mamma ... non sono la mamma, no!".

Era così che ormai mi addormentavo molte sere, da troppi mesi.

A volte tremavo di paura per il desiderio di respingerlo, a volte pregavo il Dio che ormai non c'era più, in quella stanza buia e segreta, affinché la sofferenza, sua e mia, potesse calmarsi.

Mamma era morta da poco ed io ero così felice di alleviare il suo dolore, concedendomi anche solo per pochi momenti. Sentivo senza capire che quella bambina così normale, così

simile ad una rosa bianca, stava ormai trasformandosi in uno fiore reciso, sempre più sporco.
Non immaginavo neppure lontanamente che in quei giorni, la mia anima stava smarrendosi inevitabilmente per sempre. Avevo quasi otto anni, forse solo poco più di sei, non ricordo bene. Da allora la mia pelle non reagisce più a nessuna carezza, a qualsiasi bacio.
Ho imparato così nel tempo a staccarmi da quel dolore e da questo corpo ferito, insanguinato. Ho imparato a lasciarlo lì, disteso o rannicchiato su un letto d'albergo o su quello coniugale e volare via, via, lontano, e fluttuare libera nei giardini della fantasia, finalmente in salvo da quelle mani, da tutte le mani, da quelle bocche, da tutte le bocche che cercavano, frugavano, amavano, violentavano.
E' stato durante quella primavera da tredicenne che ho accettato di essere diversa, diversa da tutte le altre. Una donna sola con la strada obbligata della sopravvivenza, ormai capace di soffocare nel buio silenzio della solitudine, quel cuore tradito, avvolto e protetto solo da un tremendo segreto.
Chissà perché oggi, quello che gli altri insistono a chiamare con disprezzo odio, sia il solo sentimento capace di riempire la voragine che ho nel cuore, come un buco nero di morte. Ma quale amore! Già, l'amore ... tutti ne parlano, tutti lo cercano, non c'è, non lo sento, non esiste ...
Ormai sono un lago ghiacciato, dove tanti pesci colorati e bastardi, nelle notti oscure dei fondali, si nutrono avidi del mio nettare divino, dolce d'illusione, rosso di vendetta, nero di solitudine, quando esce copioso dal mio corpo lucido e sorridente e che li guarda finalmente contorcersi, agonizzare, in preda al superbo torto di aver voluto conoscere la morte, ancora da vivi.
Ancora oggi a volte, accade, quando sola nel letto con la mia depressione, depongo le maschere dei giochi accanto al cuscino, proprio allora mi vedo dall'alto, come in uno specchio, questa volta il mio specchio. E guardo l'amore,

quello degli altri, quello che cerco riflesso negli occhi delle mie vittime, nei loro regali di rose o nei monili di pietre, che mi diverto a riciclare o a distruggere!
A volte quasi mi stupisco nel sentirmi eccitata da quel piacevole lacerare felicità effimere, o infrangere illusioni eterne. Sento quel piacere aumentare e poi mescolarsi, fondendosi dentro la paura, dentro al mio dolore, al mio eterno rimorso.
La legge divina che governa la mia essenza potrà mai essere ribaltata? Non ci penso nemmeno! Chi potrà mai darmi l'Amore se chi mi ha generata, lui per primo, me lo ha tolto, distrutto, disintegrato. Un bocciolo reciso ancor prima di schiudersi!
Ti voglio bene papà, oggi come allora, più di qualunque altro, Niente e nessuno potrà mai sostituire la potenza di quella maledetta emozione antica. Questo è il destino che mi sono scelta, incarnandomi in questo corpo. Quest'Anima antica che disperata cerca l'Amore di Dio laddove sembra impossibile trovarlo: nel cuore di una bambina abusata.
Da allora, vagando come una bambola rotta, siccome non ero più niente riuscivo ad essere tutto. Siccome non ero più nessuno, riuscivo ad essere chiunque ...

Sugli abusi
Tra le persone che soffrono emozionalmente di ferite all'anima e nel corpo, ci sono certamente i casi dei bambini abusati. Questi casi emergono spesso durante le sedute di riequilibrio emozionale e sono sempre numericamente rilevanti, troppi.
Abusi sessuali, violenze fisiche, casi di anaffettività grave, maltrattamenti.
E' un tema che evidentemente ha un impatto notevole, specialmente nelle aree sociali emarginate, dove le percentuali dei casi, per lo più sommersi, si aggirano su percentuali preoccupanti.

Comunicare logicamente con loro, farli uscire dal sommerso significa, quasi sempre, trovare un muro di silenzio o di vergogna, una barriera invalicabile a difesa del proprio segreto.

Durante il setting di ipnosi dinamica, con l'aiuto dell'Io Bambino, si procede come abbiamo visto, alla ricerca del Turbamento Base e inevitabilmente le informazioni sui fatti accaduti, tornano alla superficie, abbattendo i meccanismi di difesa, in tutta la loro forza e veemenza da lasciare stupiti a volte le stesse persone.

La decompressione di tali eventi risulta spesso dolorosa e lancinante ma senza dubbio liberatoria.

Rivissuto l'evento però, sembra proprio che nessuno riesca a cancellare totalmente quella macchia indelebile che l'abusato si sente addosso per l'intera vita. Sembra non esista una strada, un metodo o uno strumento che consenta alle persone abusate di trasformare il proprio vissuto, in maniera diversa dalla vergogna, dall'offesa alla dignità, dalla lacerazione dell'anima.

Qualche volta, raramente e parzialmente, qualche risultato lo si ottiene. Sono i casi in cui alla domanda se quello vissuto è stato un evento piacevole, l'"Io Bambino" risponde affermativamente. L'inconscio infatti, non giudica culturalmente, moralmente, ma registra soltanto la percezione dell'emozione vissuta.

In questi casi diventa possibile trasformare un rancore, un odio, un disprezzo, in una consapevolezza più ampia, dove la dignità apparentemente perduta, riacquista gradualmente forza e autostima, trasformando talvolta la zona sul corpo fisico interessata e colpita dall'emozione, come un punto di massimo aggancio relazionale, se non addirittura di piacere.

Laddove il trauma ha invece lasciato dolore e lacerazione ci vuole ben altro.

Come può un abuso, subìto come violenza e vergogna, segretato e nascosto per sempre, trasformarsi in un atto promosso a valore? Come si può riuscire a farlo emergere come un valore collegato ad un atto di amore, seppur nell'inverso logico? Sembra impossibile. Trasformare l'odio in amore verso l'abusatore, denunciando i fatti anziché secretarli, superare la vergogna o la paura di ferire il "Totem genitoriale", fino a capovolgere il significato dell'esperienza? Già, ma come?

A volte è la persona a volerne parlare in seduta di riequilibrio, per sollevare quell'enorme peso che non riesce più a sopportare; ma anche lì poi, portato il trauma alla luce, come è possibile aiutare la persona a ritrovare quell'Amore, quella Luce, quella speranza, nel buio della sua anima?

Per questi motivi ho provato a chiedere aiuto al mio Spirito Guida, "Shari", per capire come muovermi in casi come questi, cosa consigliare, come atteggiarsi.

Quello che segue è il testo letterale della canalizzazione ricevuta tramite Anna, una delle mie amiche medium.

Shari, il mio Spirito Guida
"**Vanni**: nell'approccio comunicazionale che faccio con l'inconscio e in generale con il trauma delle persone, cosa è appropriato per il loro benessere, esiste qualche forma di rischio?
Shari: Amato, si, vi è. Quando non accolgono l'opportunità della libertà. Ricordati che la libertà può spaventare, non esagerare, questo è importante. Accoglili, accompagnali e soprattutto lascia ad ognuno il suo tempo. Non cercare immediatamente quello che per voi umani è tanto importante, ovverosia il risultato, amato, le persone le si possono guidare attraverso quei passi, attraverso quei passaggi, indicargli e donargli la via, essergli accanto, però, amato, non bisogna precipitare le cose, non bisogna, a volte insistere. Questo è ciò di cui vi è necessità. Ad ognuno il suo tempo, altrimenti, amata creatura, se uno si libera di qualcosa che ancora utile e necessario è al suo crescere, allora, mio amato, diviene veramente un ancoraggio, diviene per loro un aggrapparsi a tutto ciò che aveva per loro forse

un senso, come una certezza, una sicurezza, una memoria che deve essere elaborata pian piano. Ecco perché, quello che io ti posso suggerire, è di avere soltanto pazienza, non sforzare le creature, avere morbidezza e accompagnarle, questo è importante.

Vanni: Questa domanda riguarda le violenze e gli abusi sui bambini. Alcuni come conseguenza sembrano non conoscere la benché minima forma di Amore. Come ci si deve comportare per aiutarli ad arrivare all'Amore?

Shari: Amata creatura, ecco perché, strumenti preziosi come te, sono pionieri dell'avanzare attraverso questo allineamento dei corpi, nella nuova dimensione, nella nuova vibrazione, per permettere alla trasformazione cellulare, alla memoria cellulare di attivarsi.

Tu amato, stai veramente raggiungendo questa grande ed intensa opportunità, te ne accorgerai, amata creatura. Ecco perché, sempre di più, compenetrare poi, per coloro che hanno veramente subito tale medesima violenza, sarà opera della Luce, come un canale, per trasformare la memoria cellulare, per poter poi veramente e totalmente, liberare e non più nascondere, come una volta si cercava di fare.

E' in questo, ed è verso questo, mio amato, che il processo in te è già attivo, in te come in altri, ma non si è ancora in tanti, nella dimensione dell'esistere della terra. Ecco perché poi, si diverrà veramente operatori della Luce, per questa grande conoscenza, per questa grande intensa opportunità, ma questo, amato, non si riferisce soltanto a come ora tu stesso poni le domande, ma a tutto ciò che ha necessità di trasformare una memoria cellulare."

Ho preso spunto da casi reali per raccontare le storie che seguono.
I nomi dei personaggi sono volutamente inventati e casuali al fine di tutelarne la privacy.

La storia di Diletta

Conobbi Diletta una sera, durante una conferenza pubblica sulle discipline analogiche. La invitai ad alzarsi e uscire per una dimostrazione sul test energetico e notai che spesso le sue pupille azzurre come il mare, se ne andavano in alto, scomparendo dietro palpebre che ammiccavano in continuazione.

Fatto il test le chiesi a bassa voce: "Scusa ma tu sei una che riesci con facilità a fare l'esperienza di uscire dal corpo?" "Si" Rispose in maniera naturale, al che aggiunsi senza farmi sentire dal pubblico in sala: "Hai forse subito delle violenze o degli abusi?"

Chinò lo sguardo a terra in segno di conferma. Le accarezzai il capo, le dissi grazie e le feci cenno di accomodarsi al posto.

Settimane dopo, quasi con sorpresa ritornammo sull'argomento perché mi comunicò, con una certa allegria, che il mio Spirito Guida "Shari" ogni tanto andava a trovarla e che lei, Diletta, essendo una medium, riusciva a vederla ed a parlarle.

Così le chiesi se potevo approfondire con lei gli argomenti della medianità, dell'abuso e del fatto che riusciva a vedere e comunicare la mia amatissima Guida Spirituale.

Quando al primo incontro mi sedetti di fronte a lei, per prima cosa mi parlo di Shari, cominciando a descriverla nei tratti e negli abiti che indossava. Mi resi subito conto che stava descrivendo esattamente quella ragazza, stessi tratti somatici, bellissima, stessi abiti, che mi apparì in sogno quando avevo circa 19 anni, per indicarmi: "E' la tua voce" la missione della mia attuale incarnazione.

Diletta mi raccontò che il nostro incontro era finalizzato proprio alla sua guarigione di ragazza abusata. Shari e molte altre Guide avrebbero fatto il lavoro con la Luce e Diletta avrebbe riportato per iscritto ogni volta, tutte le esperienze vissute prima di dimenticarsele, per poi trasmettermele.

Lo fece come vedremo, in maniera a volte un po' confusa e approssimativa, utilizzando i messaggi con il telefonino.
Avevo chiesto intimamente alla mia Guida Shari, di poter conoscere se esiste un modo di lavorare sulla guarigione energetica delle persone abusate o vittime di violenza. In tutta risposta, mi ha fatto il regalo di ricevere una testimonianza diretta su come "La Luce" agisce in questi casi.
Diletta oggi, grazie a quell'esperienza, conferma di sentirsi trasformata e per la prima volta in vita sua, afferma di avere un'affettività e una sessualità felice, con un uomo che le vuol bene e di sentire dentro di se che il suo trauma è risolto.
Questi che seguono sono i contenuti dei messaggi che Diletta mi spedì, raccontandomi in tempo reale la sua spirituale esperienza.

Prima dell'intervento
7 maggio
"Quando io parlo con i miei Angeli e Arcangeli di solito scrivo poi dimentico ..., poi sono due giorni che ti sogno Vanni, e mi continui a dire: "ok, va tutto bene ... e poi sono sempre in contatto con la mia mamma".

8 maggio
"La tua Guida Shari, Vanni, è da due giorni che viene a trovarmi ... è proprio bella. Mi ha fatto disegnare un simbolo d'oro circondato da un cerchio e mi ha detto che questo simbolo servirà a te per proteggerti e per costruire una casa nel bosco che vedevo ... Shari mi ha anche detto che sa già tutto di me perché era tutto collegato ... mi conosce da tanto tempo ... che poi mi dirà cosa fare e mi ha chiesto se poteva venire ancora da me e mi ha salutata dicendomi la parola Arabesco".

11 maggio
"Mi scusi il disturbo Vanni, sono qui al cimitero e la mia mamma (il suo Spirito, perché ora è defunta), mi ha spinto sollecitandomi a dirle che tutta la famiglia sta aspettando di vederla, quando verrà a trovarmi a casa per capire lo scopo del suo percorso. In più, la mia mamma mi dice che l'accettano volentieri e lo scopo evolutivo è materiale per questa Nuova Era ... e poi mia mamma mi dice che da due giorni, vicino a lei, c'è anche suo Zio Antonio, oltre a Shari e al papà Renato ... e poi mi scusi ma i miei Angioletti mi dicono di dirti di fare attenzione quando viaggi in macchina, perché sei un po' disattento perciò, per te e per la tua macchina, chiedi aiuto all'Arcangelo Michele mentre per la protezione dei tuoi viaggi chiedi all'Arcangelo Raffaele.. poi ricordati di ringraziarli, ciao, buona giornata".

Il prossimo messaggio speditomi da Diletta è arrivato dopo averle raccontato che quella notte, in sogno, era venuto a trovarmi mio padre. Era stato un sogno bellissimo ed emozionante. "Eravamo nella casa natale dei miei nonni materni ed io ero con la mia famiglia riunita a chiacchierare. Poi ho avvertito qualcuno entrare dalla porta principale di casa e sono andato a vedere chi fosse. L'ho riconosciuto subito anche se era di spalle e stava appendendo il cappotto all'appendiabiti dell'ingresso. L'ho chiamato: "Papà" e, benché avessi coscienza che fosse morto e che quindi mi trovassi in un sogno, ho lasciato fluire tutta l'emozione e ho proteso le braccia verso di lui abbracciandolo. E' stata un'emozione a dir poco travolgente. In vita non lo avevo mai fatto, nemmeno negli ultimi suoi anni, quando ormai lo avevo accettato anche nei suoi presunti difetti ma non ero ancora certo di essere riuscito a perdonarlo ed a perdonarmi. Ero riuscito, al massimo, a baciarlo un paio di volte sulla guancia.

Invece adesso nel sogno, riuscivo a vivere quella fusione, quell'entusiasmo e quell'amore fino a stringerlo forte ed a baciarlo ripetutamente, sentendone persino il suo odore!

15 maggio
Messaggio di Diletta: "Wow, che bellissimo sogno ho fatto stanotte! Tuo papà ti sta vicinissimo più di quanto tu non creda. Lo sai che quando loro sono vicino a noi e non riusciamo a sentirli, loro vengono dentro i sogni per comunicare con noi, e il fatto che sia arrivato tuo papà è per condurti ad un tuo cambiamento ... sono felicissima per te.

Di solito, durante gli incontri di presentazione delle discipline analogiche, la seconda parte della serata, viene dedicata agli esercizi pratici esperienziali. In quelle occasioni, chiedo sempre al pubblico chi vuole spontaneamente proporsi per un esempio di riequilibrio emozionale con l'Io Bambino. Trovai molto strano che Diletta si propose con uno scatto improvviso, visto che, nell'unico incontro avuto a casa sua, avevamo già trattato il tema degli abusi subiti e il patto fra di noi era quello di tenere privata la questione.

Fu così che con sorpresa di entrambi l'Inconscio, anziché portarci a rivedere traumi e abusi avvenuti nella vita di Diletta, dai due ai sette anni, regredì fino a denunciare un conflitto di rifiuto da parte del padre, vissuto da Diletta quando ancora si trovava nel grembo materno.

A rendere la questione ancora più particolare, fu lo scoprire in riequilibrio che il conflitto di rifiuto vissuto da Diletta aveva le caratteristiche tipiche di un rifiuto in ruolo attivo. Cioè fu lei, avvertendo il rifiuto del padre, ad evitare il conflitto, rifiutandolo. In sintesi, la bambina in grembo, percepita l'emozione di un padre che non la voleva, a causa del fatto che era il frutto di una relazione extraconiugale, anziché accettare il dolore di sentirsi rifiutata, ancorché nell'utero della mamma, ha reagito anticipando il rifiuto e rifiutando a sua volta, al fine di evitare il dolore del mancato Amore.

L'uccisione simbolica del totem genitoriale, in questo caso paterno, è senza dubbio uno dei più grandi e dolorosi traumi che una persona possa vivere. Il livello di dolore è di quelli che ti segnano per sempre e non ti abbandonano più.

A questo punto era evidente come in Diletta, le difficoltà ad avere una relazione felice e soddisfacente con un soggetto maschile, non trovavano origine soltanto nell'abuso sessuale subìto, ma la genesi del suo più grande problema, il suo Turbamento Base era il rifiuto verso il papà e gli abusi erano solo Turbamenti relativi, collegati analogicamente, traumi successivi e senz'altro conseguenti a quell'evento. Dissi quindi a Diletta che bisognava partire da lì se ne aveva voglia, forza e coraggio.

Annuì con convinzione, aiutata da tanti anni di sofferenze e solitudine patite.

La invitai a comprendere come fosse indispensabile percorrere un cammino di accettazione e di perdono verso il papà, ma soprattutto verso se stessa, percorrendo l'unica strada che porta alla vera guarigione, cioè quella dell'Amore.

Fu a quel punto che Diletta mi rivelò di non conoscere l'identità del padre, in quanto la mamma aveva più di una relazione, quando rimase incinta di lei.

La pregai di farsi aiutare dai suoi Angeli amorevoli.

Nei messaggi telefonici che mi inviò in quei giorni c'è il percorso, a volte chiaro, a volte un po' frastornato ma senz'altro particolare, della straordinaria esperienza che Diletta fece nei giorni seguenti il riequilibrio emozionale e che le aveva riaperto antichissimi turbamenti.

La mia Guida Shari me lo aveva già chiarito: "Compenetrare coloro che hanno subìto tale violenza, sarà opera della Luce, come un canale, per trasformare la memoria cellulare, per poter veramente e totalmente liberare e non più nascondere come una volta si cercava di fare, tali violenze".

Per me fu la prima, vera e grande, esperienza di guarigione Divina. La prima volta che partecipavo e assistevo alla guarigione su un caso di abuso, lasciando alla Luce, agli Angeli, ai Maestri, alle Guide e dunque a Dio Stesso il compito di intervenire, riducendo la tecnica del riequilibrio emozionale analogico a mero strumento al servizio della Luce.

Durante l'intervento
messaggio di Diletta del 21 maggio
"Ho elaborato con i miei Maestri spirituali, Angeli e la mia Bambina interiore e mi hanno fatto vedere tutto. Mi hanno anche detto il nome ed il soprannome dell'uomo..."
"Continuo a rivedere altri ricordi, come se il tempo si fosse fermato. Ho ricordato che mia mamma mi diceva dove sparivo da piccola, dove mi cercava e non mi trovava, mi chiamava ed io non rispondevo oppure le raccontavo una bugia. E' normale che ricordi?" ...

22 maggio
"Non ho scritto nulla sui miei abusi come mi hai chiesto perché Loro, i Maestri, mi hanno detto che scrivendo adesso, il ricordo sarà sempre attivato e se deve andare nella Luce Divina di Dio, devo lasciare libero di trasformarsi in Amore. I Maestri mi dicono che ora devo fare il grande lavoro di sgancio. Ora so chi era mio papà, come si chiama.. e ora so che mio papà è già morto.. tra ieri e oggi, continuo a visualizzarlo ... sono molto agitata, ho paura, ma sento che va tutto bene.. come dice la mia mamma."
Ho chiesto alla mia Bambina interiore, come tu mi hai consigliato, se era pronta come lo sono io, ad accettare e amare il suo papà. Lei ha scelto, come me, di SI e ha sganciato il rifiuto fatto allora. Sono felice, anche perché le ho chiesto se preferisse stare con il papà e con la mamma e con tutti gli Angioletti, al cospetto di Dio? Lei ha scelto l'Amore e la Luce.

Poi, comunque, ora mi dicono che quando tu vorrai, ti scriverò la situazione dei miei abusi, perché sarò già pronta per trasformarla e per aiutare chi ne avrà bisogno.

La mia Bambina interiore continua a dirmi che non ha più paura di te Vanni e che ti vuole bene e ringrazia Dio e gli Angeli e che sei il benvenuto e mi dice di dirti che ti ama, come se fossi il mio papà e ti dà un bacino sulla guancia.

Dico grazie ai miei Angeli e a Dio, perché la mia preghiera, per essere aiutata sui miei abusi, è stata esaudita e, grazie a te, che sei arrivato dal cielo mandato dagli Angioletti.. E anche la tua Shari è contenta e mi dice che devi collegarti di più con Lei, magari aprendo il canale e attivandolo con il reiki, così sarai subito collegato con Lei, col tuo papà, tuo zio e con tanti altri, ciao. Ah poi devo dirti un'altra cosa altrimenti mi dimentico: quando ho fatto lo sgancio, mi bruciava tutta la trilly (vagina) e il primo chakra e ho visto finalmente la mia bambina interiore nella pancia che si cullava, ed era tutta bianca, pura, pulita ..."

"Scusami ancora ma mi sono ricordata anche che quando ho negoziato con la mia Bambina interiore per sganciarsi da chi la abusava, (l'abusatore) l'ha minacciata di ucciderla ma però lei non voleva più e sai di cosa mi sono accorta? Che la mia Bambina è tutta bianca e ha le braccia distese e ha il suo corpo che guarda avanti il mondo finalmente libera di vedere ... mentre prima era tutta nera e dava la schiena all'esterno ... mi sembra una buona cosa néh?

23 maggio
Ho finalmente finito la mia guarigione e ho finito l'ultimo pezzo mancante sugli abusi. Ho tolto tutti i ganci e le cerniere su tutto il primo chakra e in questo mi hanno aiutato i Maestri e gli Angeli. Hanno liberato la mia Bambina e hanno mandato nella Luce il suo dolore. Ora è felice fra le braccia di Dio e mi sta salutando. Ho pianto moltissimo e c'era anche la tua Shari. Qui c'è ancora la mia Bambina, ma

non quella di prima, ma quella di adesso. Mi hanno tolto tutto, era come un tappo finale e hanno lavorato anche dietro il terzo occhio e poi gli Angeli e i Maestri mi hanno fatto vedere i Sigilli Angelici.
... Mi hai chiesto perché Shari viene da me. I Maestri mi hanno detto che con Lei ho un legame nascosto e che più avanti la canalizzerò. Poi ho altre bellissime notizie sul tuo percorso. I Maestri mi hanno detto che ora la tua parte femminile sta uscendo, che il tuo percorso con l'attivazione reiki, ti porterà a lavorare sul chakra del cuore e ti innalzerà, per condurti a vedere e comunicare con gli Angeli e finalmente arrivare da Loro, i Maestri per il collegamento con il tuo percorso spirituale che è finalmente arrivato, dato che è da tanto tempo che ti aspettano.
L'universo ti ringrazia per tutto quello che fai per il tuo cammino.

Ascolta Vanni e dimmi se ho fatto bene. Stavo arrivando sotto casa dalla scorciatoia e lì ho visto il mio abusatore. Lui mi fissava e ci siamo quasi scontrati e ho visto che lui voleva avvicinarsi. Io non lo guardavo negli occhi, ma fissavo il muro con i miei occhiali scuri e come mi hai detto tu, gli ho sorriso.

... Scusa il disturbo a quest'ora, ma c'è qui la tua Shari e mi dice che hai bisogno del colore verde per la tua guarigione e per l'apertura del chakra del cuore e di farti attivare il prima possibile, con il reiki per la tua equilibratura e guarigione sul tuo cambiamento, perché ci sono in arrivo per te forti guarigioni sui bambini maltrattati".

28 maggio
Caro Vanni fantastico! Sei meraviglioso, Dio e i miei Angeli ti hanno portato a me per aiutarmi. Ho fatto ora al mio Bambino interiore tre domande; ho chiesto se era pronto ad amare il suo papà e mi ha risposto di sì; poi ho chiesto se

sapeva chi fosse il mio papà ed ha risposto di sì; poi, ultima domanda, gli ho chiesto se il mio papà si chiama (......) e con tutta la forza mi ha spinto avanti pancia, busto e tutto il corpo, fino a farmi fare un passo in avanti che quasi cadevo. E' stato fortissimo. Infine gli ho chiesto: caro Io Bambino sei disposto ad andare al cimitero ad incontrare e amare il tuo papà? Ha detto siiii !!! Poi gli ho detto che andavamo domani e lui si è tranquillizzato dentro di me. Evvai !

L'atto d'Amore incondizionato
Il sentimento naturale di Diletta, di amore verso il genitore, bloccato a causa di una sensazione di rifiuto che poi si trasforma, con forza e disperazione, in un urlo di dolore infinito: "Tu mi hai fatto e adesso non mi vuoi? No, sono io che non ti voglio se le cose stanno così!"
Attraverso la tecnica del riequilibrio emozionale, Diletta viene aiutata a percepire questo amore dentro di sé e a comprendere che solo rielaborando e togliendo il blocco, la diga emozionale, che lei stessa aveva costruito verso il padre, è il percorso giusto verso la sua guarigione, la soluzione alla sua sofferenza.
A quel punto ormai, Diletta ha fatto il passo più importante. Ha ribaltato il paradigma dentro di se. Ha compreso, prima col cuore e poi con la mente che la sua sofferenza, conseguenza del rifiuto paterno, quand'ancora si trovava nel grembo materno, trovava l'unica strada di guarigione possibile, attraverso un atto di Amore.
Aiutata dalla "LUCE" in un percorso spirituale, per noi di difficile comprensione, ritrova la sua capacità di amare se stessa, la vita, suo papà e con lui, gli uomini che vorrà in futuro amare.
Ecco il messaggio che a questo punto, le ho mandato: "Bravissima Diletta, continua così e fammi un favore domani: quando tornerai al cimitero, salutami tuo papà e digli che capisco un poco il suo dramma di dover scegliere fra dover far soffrire la sua famiglia e i suoi figli o far

soffrire te e la tua mamma e di essere rimasto prigioniero di questo silenzioso dolore ... e che qualcuno un giorno possa liberarlo da questo senso di colpa ...

Diletta poi riprende così:
messaggio sempre del 28 maggio
"Ok sarà fatto. Grazie perché stavo proprio pensando a cosa dirgli quando lo incontrerò anche se sono supportata dagli Angeli, da mia mamma e dai miei Maestri e da Dio ... Sai il mio Bambino interiore ed io siamo felici e ho anche acceso una candelina bianca per te e la tua Guida Shari per ringraziarvi.
E poi sono strafelice e sono pronta finalmente. Domani ti darò notizie, buonanotte."

29 maggio
"Sono qui al cimitero e c'è anche la mia mamma ad accompagnarmi. Sono qui davanti al loculo del mio papà. Quando ci sentiremo ti racconterò come sta reagendo violentemente dentro, il mio corpo. Ho detto al mio papà il tuo pensiero. Mi ha risposto che: "L'Amore me lo può dare mia figlia. Ti ringrazio per averla fatta arrivare da me. E' da tanto tempo che l'aspettavo e finalmente l'ho abbracciata e sono pronto per farmi amare da lei." Poi, mio papà mi ha dato un messaggio anche per te Vanni: "Finalmente anche tu sei arrivato per fare un cambiamento. Ti aspettavamo da tanto."
Poi Diletta riprende:" Sai Vanni che assomiglio a mio papà ! Che bello avresti dovuto vederli, mia mamma e mio papà che si amano, si abbracciano e si baciano finalmente felici, di là, nella Luce ...
Un po' ho pianto ... normale ... gli ho detto che sono venuta a farmi amare da lui se era pronto per farsi amare da me ... ha risposto di sì! Non so spiegarti l'emozione ... sono felice, ora ho capito."

30 maggio
"Buon giorno Vanni, buongiorno almeno per te. Io purtroppo sono triste, non è andata bene come pensavo e sono stata male. Ho raccontato tutto al mio fidanzato, degli abusi che ho subito, del fatto che sto elaborando mio papà e all'inizio è stato ok ma a metà serata, lui è andato in panico dalla paura, io purtroppo mi sono arrabbiata, ho chiesto anche un aiuto Angelico ma non riuscivo a calmarlo. Mamma mia che notte! E' da stamattina presto che piango e non riesco a calmarmi, anzi, un po' ci sono riuscita, con il metodo del negoziato col l'Io Bambino, gli ho promesso che mi compro quel regalo che tanto desidero e così si è calmato un po'."
" Io ho giustificato il mio fidanzato per la paura che provava. Mi ha anche detto che se non me la sentivo, potevamo anche non fare l'amore, perché io al momento, quando gli raccontavo e piangevo, mi ha capita e mi ha abbracciata. E' stato durante il rapporto d'amore che non è andata e l'ho fatto quasi piangere e lui mi chiedeva scusa ... ma ormai era troppo tardi ... pazienza, ci vorrà tempo ..."

messaggio del 2 giugno
Buonasera Vanni, tutto bene? Volevo dirti che l'altra sera tranquillamente mi sono sbloccata e non ho avuto problemi, ho sentito il piacere là dove prima avevo dolore e non volevo essere nemmeno sfiorata. Mi sento finalmente completa con me stessa e con il mio compagno e sono serena, bacioni e grazie. Anche quattro baci che il quattro è un numero Angelico."

4 giugno 2014
Buon pomeriggio. Ora ho fatto un passo importante, mi sono sentita forte. Ho sentito il mio vicino abusatore che fuori urlava con due bambini che giocavano a pallone. Ho aperto la porta e l'ho guardato dritto negli occhi. Lui si è girato con uno sguardo di odio ma io sono rimasta impassibile. Mi sono

sentita felice che lui non mi faccia più paura. Spero che anche tu stia bene, kiss."

La storia di Roberta
Roberta arriva in studio accompagnata dal padre molto giovanile nel vestire e nei modi di fare, almeno quanto lei.
Dei suoi 24 anni risaltano immediatamente la freschezza della pelle, la sua fronte alta e i due stupendi occhi azzurri, quasi grigi, con un sottile velo impercettibile di malinconia.
Ciò che la rende dimessa e all'apparenza sofferente, è quel suo modo di camminare un po' curvo, con le spalle piegate all'interno, quasi a nascondere un seno troppo piccolo.
Soprattutto il collo, molto insaccato per una donna slanciata, quasi come quello di un cucciolo che tende a nascondersi per non essere visto.
Il padre, meno di cinquant'anni, commerciante affermato e dai modi molto spicci, mi ha contattato per telefono, dopo aver avuto il numero da una amica, capitata casualmente ad una delle mie serate pubbliche. L'appuntamento non è per lui, ma come apprendo al momento, per la graziosa signorina dalle labbra sottili.
"Prego accomodatevi" invitandoli a sedere. Il primo a parlare è il padre che commenta in modo un po' sorpreso, l'atmosfera del locale, il tetto a vista di legno dall'odore ormai impregnato d'incenso, due candele colorate accese e quella inusuale tenda di fustagno, color viola scuro ad oscurare completamente l'unica grande finestra.
Notai la camicetta bianca di Roberta, un po' troppo attillata e scollata e la sua minigonna nera sopra il ginocchio che contribuiva a esaltarne la femminilità non più bambina.
Due splendidi orecchini, lunghi, dritti e argentati come schegge di raggi di luna.
"Tipologia Asta, conflittuale padre" pensavo tra me. Orecchini così fatti, con il loro linguaggio inconscio, erano tipici di simili personalità analogiche come un messaggio segreto che si irradia e rimbalza, sugli inconsci di chi incontriamo, producendo effetti ai più sconosciuti. Quasi

contemporaneamente, in automatico, i miei occhi si spostano a cercare conferma nel suo decolté, per cogliere la forma della sua catenina, se mai se ne avesse indossata una. Infatti, una intreccio sottile intorno al collo reggeva una piccola croce in oro giallo e bianco, analogicamente corrispondente ad un triangolo. "Tipologia Asta, conflittuale padre, stimolata triangolo" aggiunsi in una crescente convinzione.

"Roberta soffre attacchi di panico da ormai tre anni e vorremmo risolvere il problema dopo vari tentativi poco fruttuosi." intervenne il padre, riportandomi in piena dimensione logica.

"Bene!" risposi con un largo sorriso, "La prima cosa che premetto sempre è che io non sono né un medico, né uno psicologo. Sono un sociologo specializzato in comunicazione, consulente analogico e facilitatore di un riconosciuto istituto di Milano: il CID-CNV; tutto quello che faccio, con l'ausilio dell'inconscio della persona stessa, è aiutare a comunicare meglio con noi stessi e con gli altri, per migliorare il proprio benessere."

Intanto Roberta si dimostrava poco interessata alla nostra conversazione preliminare. Fissava e scrutava con apparente cura le due mensole chiare sulla parete colorata al quarzo dove trovavano sede la campana tibetana dai sette metalli, le scatole con gli incensi indiani, il mandala tibetano azzurro e bianco per la meditazione della Merkaba e più in basso, appoggiata sul tavolino, una lampada al quarzo arancione, illuminata all'interno da una lampadina a basso voltaggio che aiutava a riflettere un'atmosfera calda e rilassata in tutta la stanza.

"Tu sei d'accordo Roberta a fare quest'incontro di riequilibrio emozionale? Sai, la cosa essenziale che viene prima di tutto, che prescinde da ogni cosa, è la volontà della persona ad affrontare quest'esperienza. Tuo padre ti vuole molto bene e ti ha pure accompagnato qui, ma solo tu puoi scegliere cosa è meglio per te", intervenni io a richiamare la sua attenzione.

Roberta, sentendosi chiamata in causa, si voltò quasi di scatto verso di me, abbassando gli occhi in segno di consenso e annuendo con il capo.
"Devi esprimerlo a voce Roberta," la incalzai con determinazione..
"Sì, certo, lo voglio anch'io,... eccome,... speriamo mi serva a star meglio."
Quella occhiata, istantanea e veloce verso il padre, prima della sua affermazione, mi arrivò come un'ulteriore informazione. La tendenza a cercare un giudizio preventivo, poteva rappresentare la sua evoluzione in una struttura emotiva egocentrica. "Ego femmina stimolata triangolo" fu la mia ultima ipotesi prima di effettuare il successivo test di verifica.
"Vuoi che tuo padre rimanga qui ad assistere all'incontro?" chiesi a Roberta attento a cogliere in lei qualsiasi segnale non verbale.
"Si, per me può rimanere, se vuole restare per me è indifferente, se vuole lui ...."
Solo che pronunciando quel "si" quasi immediato e soprattutto la sua mano destra, sollevata automaticamente a strofinare il naso in senso orizzontale, come un evidente segnale di negazione, mi suggerì di indicare al padre: "Credo sia meglio ci lasci soli", dopo aver fatto una voluta lunga pausa, finalizzata a far crescere la tensione nell'aria, mentre i loro sguardi si incrociavano ripetutamente.
"Sì certo, vado a farmi un giro, ti lascio sola, magari mi bevo un caffè qui al bar di sotto che ne ho visto uno prima. Torno fra un'ora, può andar bene?
"Facciamo anche un'ora e mezza, è più sicuro di non dover aspettare troppo" feci io risoluto.
Dopo una decina di minuti di colloquio, estrassi dal mobiletto alla parete quella che chiamavo la "Croce della verità", un oggetto in alluminio di quella forma che, appoggiato a terra in equilibrio, consentiva di far scorrere, sopra apposite guide, ad altezza del viso ed in sequenza,

alcuni i cartelli bianchi con disegnati i simboli arcaici: prima un cerchio, poi un'asta e infine la figura di un triangolo.

Mettendo la persona in piedi, con le mani rilassate lungo i fianchi, chiesi a Roberta di fissare quelle forme geometriche che, partendo da circa un metro di distanza, pian piano si avvicinavano al suo viso.

Come faccio di solito, durante questa strana operazione, mi metto perpendicolare, al fianco alla persona, aspettando di cogliere i minimi spostamenti del corpo, in avanti o all'indietro, come segnali di una avvenuta sensibilizzazioni inconscia.

Infatti, appena la figura del cerchio cominciò a muoversi verso di lei, Roberta avvertì un lieve movimento all'indietro, costante e duraturo, che in pochi secondi le fece perdere l'equilibrio.

Coefficiente Ego a 80 cm dal viso, segnai col pennarello rosso la retta che orizzontalmente avevo disegnato su un foglio bianco e riportante il nome e l'età di Roberta.

Ego a 80 cm, anziché a 40, significa meccanismi di difesa alti pensai e Roberta è una struttura emotiva egocentrica.

Poi proseguii. Asta che respinge il corpo a 70 cm dal viso.

Come avevo previsto, struttura emotiva maschile che la respinge e reattività molto compressa e non espressa, essendo diversa dai 30 cm previsti per una condizione di benessere. Struttura conflittuale padre confermata.

Amavo utilizzare come secondo simbolo lo stimolatore gratificante, ricavato da quelle che erano le impressioni e le intuizioni fino ad allora raccolte e lasciare il terzo simbolo penalizzante, che attrae in avanti, solo alla fine del test.

"Triangolo penalizzante a 40 cm dal viso. Molto basso rispetto al livello ottimale posto a 70 cm, decisamente troppo basso cara Roberta!" Sentenziai sicuro.

"Penalizzante?" domandò sorpresa Roberta, "E cosa vuol dire?"

"Che penalizza la nostra parte logica, ma gratifica il nostro Io Bambino Interiore. E' il simbolo che rappresenta ciò che ti piace, quello che ti coinvolge, che ti fa agire e immediatamente aggiunsi: "Con i valori così bassi del Pathos, tu senz'altro vivi una quotidianità troppo spenta, non ti fai coinvolgere più di tanto dal flusso degli eventi, può essere nel lavoro, negli hobby o in amore, come se la vita ti scivolasse un po' addosso senza mai riuscire a rapirti con le sue meraviglie. Poi tu, hai i valori decisamente ribaltati sull'asse energetico; il Pathos è più vicino al viso della Reattività e questo ti porta ad essere eccessivamente logica, con una tendenza negativa a controllare tutte le situazioni con la mente, dimenticandoti del cuore", conclusi incalzandola.

"Sì è vero", disse Roberta con voce leggermente afona, segno di un chiaro coinvolgimento emotivo sull'argomento. "Non so, mi succede così, non riesco proprio a capirlo. Vorrei non avere più quegli attacchi di panico che mi colgono all'improvviso. Sono terribili".

Per chi fa l'analogista, diventa spesso cruciale definire con esattezza la Tipologia di personalità emotiva della persona in seduta, perché è proprio dalla sua peculiare relazione significativa che si annidano i traumi della sofferenza e i dolori più profondi e reconditi.

La seduta proseguì con le già illustrate fasi del test sì-no, del negoziato, della definizione dei Coefficienti Distonico e Comparativo, fino ad arrivare, infine, alla determinante domanda: "Caro Io Bambino, è successo un fatto nella vita di Roberta, che se non fosse successo, tu oggi non avresti questo problema, questo disagio degli attacchi di panico. Ci vuoi dire quando è successo? Attendo risposta ...." Stavamo andando dritti dritti al suo Turbamento Base e all'anno del suo trauma. Infatti, l'Io Bambino" ci riportò ai suoi cinque anni, quando visse l'emozione di sentirsi rifiutata.

"Fu a causa di un soggetto maschile?" domandai dapprima. "No" fu la risposta all'ondulazione indietro del suo corpo. "Fu a causa di un soggetto femminile?... Si, molto bene, e chi fu questo soggetto femminile, fu la mamma?" Il suo corpo subì una forte e involontaria spinta in avanti e così portammo alla luce il rifiuto subito dalla madre.

Per le strutture emotive come quelle di Roberta, persone di tipologia Asta stimolate dal genere femminile cioè dal triangolo, la loro relazione significativa, dove si annidano le sofferenze rimosse, va sempre cercata in rapporto alle figure significative femminili, nel ruolo di regista, del proprio vissuto. La risultanza inconscia emersa da Roberta, confermava l'origine della sua sofferenza.

Nato il fratellino, Roberta aveva vissuto le coccole e le dolcezze, riservate al nuovo arrivato, come un vero e proprio rifiuto. Fu in particolare un episodio che riportammo alla luce. Seduta sulla poltrona, ad occhi chiusi, con una dolce musica rilassante di sottofondo, accompagnata dalla mia voce, Roberta cominciava a visualizzare particolari inediti che nemmeno lei pensava di riuscire a ricordare.

Rivide la cucina, la scodella del latte, rossa a pois bianchi, il tavolo di legno in noce massiccio, la sua camicetta azzurra con i fiorellini rosa e blu, il fratellino allattato dalla mamma e altri particolari, uno dei quali lei che piangeva in un angolo della stanza vicino al fuoco spento.

"Guarda quella bambina Roberta, tieni gli occhi chiusi e guardala bene.. Quella bambina sei tu Roberta!" poi continuando con voce il più possibile calda e piena di comprensione. "Avevi solo 4 anni allora, guardati là nell'angolo. Sei una bambina così piccola che vuole solo l'amore della mamma, non è vero? ... Non è giusto che il tuo più grande amore ti venga portato via, da nessuno, neanche da un fratellino vero?.. Adesso però Roberta sei grande, hai 24 anni, non smettere di guardarti dall'alto e avvicinati a quella bambina .... Su vai da lei, prendila in braccio che sta piangendo, abbracciala, stringila a te, sussurrale piano che non deve più preoccuparsi, dille che un giorno diventerà grande e sarà una donna forte, con un cuore grande, e che non perderà l'amore della mamma perché quell'amore ci sarà per sempre..."

La tensione dei muscoli del viso e del corpo lentamente lasciavano posto ad una sensazione di quiete che Roberta aveva dimenticato da tempo. La lasciai qualche minuto a rilassarsi nell'abbraccio della musica in sottofondo. Poi, la invitai a rialzarsi e insieme riprendemmo il cammino del riequilibrio emozionale.
Definimmo il Turbamento Relativo sempre con l'aiuto dell'inconscio, un preciso episodio, collegato per analogia, al trauma originario. A circa 18 anni Roberta, dopo aver chiuso a fatica un rapporto tumultuoso, con un coetaneo che non le piaceva più e in quell'occasione, si sentì nuovamente incompresa e rifiutata della madre, quando la criticò aspramente per quella scelta inaspettata e ingiustificata, essendo lui veramente un bravo studente, dal carattere dolce e protettivo e per di più, membro di una famiglia benestante. Proprio in quel periodo erano iniziati gli attacchi di panico.
"Cos'è che ti ha fatto soffrire di quella storia Roberta?" Chiesi nella speranza che collegasse, come le avevo chiesto di fare, il rifiuto originario con questo episodio duplicante.
"Mia mamma dava sempre ragione a lui ... io non lo volevo più e glielo avevo anche detto, ma lei lo ha solo e sempre difeso, considerandolo chissà chi e invece aveva anche un'altra .... Non mi ha mai creduto .... Lei doveva credermi ... doveva ... ero sua figlia!"
Con pazienza la lasciai sfogare, continuando ad incitarla nel ricordo del rapporto con il fidanzato, per facilitare l'apertura del suo turbamento.
Aspettai un tempo abbastanza lungo, per permettere che decomprimesse il più possibile quell'emozione trattenuta. Poi iniziai:
"Roberta ascolta. Adesso che ti sei calmata un po', dobbiamo portare la decompressione già avvenuta a livello emotivo, anche a livello logico, per far finire i tuoi brutti attacchi di panico"
Si raddrizzò un poco sulla poltrona cercando di ascoltare attentamente, fiduciosa.

"Per te, Roberta, il rapporto con la femmina, tua madre in questo caso, è la relazione più importante, perché sei stimolata triangolo. Devi però considerare che magari, per lei, potrebbe non essere la stessa cosa capisci?, magari lei non ha la tua struttura, potrebbe non comprendere le tue dinamiche emotive capisci?..."
Sempre più incalzando: "Il rifiuto subito da piccola è il primo graffio di dolore sulla tua tela immacolata. Tutta la tua vita sarà segnata dalla paura di essere ancora rifiutata fino a portarti forse a rifiutare gli altri appena senti le avvisaglie e il pericolo di non essere completamente accettata...."
"E' vero, è proprio così, adesso che ci penso,.... tutta la mia vita è costellata da simili episodi" esclamò lei.
"E hai sempre tenuto fino ad oggi alte le antenne nelle tue relazioni con gli altri vero?"
Roberta annuì.
"Sei sempre alla ricerca di prove, di indizi o di dettagli negli altri, per paura che prima o poi potrebbero rifiutarti vero? Devi sapere una cosa Roberta che forse ancora non sai. Questa è solo la tua dinamica inconscia, il tuo Punto "G" dell'Anima, non tutti ce l'hanno uguale, altri hanno altre dinamiche, che a volte si chiamano abbandono, oppure disistima, o senso di colpa. Ma la cosa più importante da comprendere ora è che tu devi imparare a gestirla e non combatterla, questa paura.
Lei adesso mi guardava negli occhi e annuiva ripetutamente.
"Ora che conosci la tua dinamica interiore, non lasciarti governare da lei, altrimenti l'amore di tua mamma o di chiunque altro, faticherai sempre a percepirlo e, pian piano, il tuo cuore si chiuderà, come ha fatto fino ad oggi. Affronta la paura del rifiuto, se vuoi uscire da questo vortice, se vuoi chiudere per sempre con gli attacchi di panico, vai dalla mamma a dirle che le vuoi un mare di bene e che, per te, lei è la persona più importante al mondo. Fai fluire verso di lei il tuo sentimento bloccato dal Sigillo.... Sappi che l'amore è

più forte di qualsiasi paura. Riavvicinati a lei, fallo con calma senza fretta ...."
Roberta adesso respirava più calma, la fronte non si aggrottava e questo era un segnale che lei era dentro al suo cuore.
"Adesso Roberta alzati, mettiti qui in piedi, rilassa le braccia lungo i fianchi e chiudi gli occhi".
"Caro Io Bambino di Roberta, se Roberta dai prossimi giorni lascerà fluire gradualmente il suo amore incondizionato verso la mamma tu, caro Inconscio, la libererai dagli attacchi di panico almeno al 70%?"
Il corpo di Roberta, con un movimento deciso e evidente, si spostò oscillando in avanti.
"Caro Io Bambino di Roberta, se Roberta dai prossimi giorni lascerà fluire gradualmente il suo amore incondizionato verso la madre tu, caro inconscio, la libererai dagli attacchi di panico completamente?"
Il corpo di Roberta disse ancora di si.
"Caro Io Bambino di Roberta, se adesso Roberta ha completamente risolto il problema degli attacchi di panico, le fai piegare le ginocchia fino a farle toccare dolcemente il pavimento per poi adagiarsi completamente rilassata per qualche minuto?"
Le gambe di Roberta, con un movimento dapprima titubante, presero a vibrare, poi a piegarsi e in meno di un minuto, il suo corpo giaceva disteso rilassato sul pavimento.
La lasciai così, in un profondo stato di rilassamento per almeno due minuti. Poi le chiesi di aprire pian piano gli occhi e di rialzarsi lentamente, facendo un lungo respiro.
Aveva l'espressione di chi usciva da uno strano sogno. Si asciugò e stropicciò gli occhi che adesso avevano una luce decisamente più viva.
Le gote del viso presero un colore caldo, il respiro dilatato.
"Bene Roberta, molto bene .... Il tuo amore verso la mamma è talmente grande che non potrai fare a meno di farlo fluire verso di lei ... adesso lo sai, adesso lo vuoi. Però ricorda..

amala anche senza pretendere di essere amata, potrebbe succedere, non è detto, ma sii fiduciosa e amala. Sappi con certezza una cosa: lei non potrà mai rifiutare l'amore che le arriva da una figlia ... da sua figlia! E se dovessero ritornare gli attacchi di panico, non succederà vedrai, ma se sventuratamente dovesse succedere, sappi che sarà perché avrai chiuso nuovamente il rubinetto del tuo cuore verso di lei. Fammi sapere come va, d'accordo?"

Roberta, si guardò intorno nella stanza, come se le pareti fossero diverse da poco prima, quindi mi misi di fronte a lei con le braccia protese e mi ricambiò l'abbraccio richiesto.

Dopo qualche minuto, il telefonino prese a vibrare nella borsa e Roberta. Un'occhiata veloce: "E' papà" disse, "E' qui fuori che aspetta." Sorrisi,. "Fallo entrare " risposi.

Quando la porta si aprì, lo sguardo di lei si spalancò spontaneamente e gli occhi del padre si illuminarono quanto i suoi.

Incontrai Roberta un pomeriggio di fine estate, circa due anni dopo, mentre passeggiava nel centro storico, accompagnata da un ragazzo giovane, probabilmente il nuovo fidanzato e dopo alcuni convenevoli di rito le domandai fiducioso e sottovoce: "E con i tuoi attacchi di panico come è andata? Ne hai avuti ancora? Non ti ho più sentita!" Mi guardò con meraviglia e rispose: "All'inizio, dopo il nostro incontro, ho avuto ancora qualche avvisaglia che mi ha spaventato, ma poi non ne ho più avuti, non mi sembra ancora vero!". "Non ne avrai più, non temere, abbi fiducia nell'amore e continua a farlo fluire ... E la mamma come ha reagito?" chiesi con curiosità, "Beh, prima mi ha detto che ero diventata un po' strana, ma poi, una sera qualche mese fa è successa una cosa molto bella. Era una sera di fine maggio, io e lei eravamo sedute sul divano di casa e c'erano alcune sue amiche. Roberta abbassò leggermente la voce avvicinandosi a me e tutta fiera aggiunse: "Mia mamma, tutto ad un tratto, parlando a loro di me, ha appoggiato la sua mano sulla mia dicendo che la mia nascita è stata una delle cose più belle che le fossero mai capitate nella vita."...

Proseguii la mia passeggiata lungo i porticati del centro, respirando a pieni polmoni le brezze del tramonto. Pensavo alla vita e ai regali che fa talvolta alla nostra anima, pensavo a noi quando, con i doni ricevuti, diventiamo talvolta strumenti preziosi per il cuore dell'umanità.

La storia di Ross

Ross è una manager affermata di una media azienda privata. Conosce parecchie tecniche di comunicazione e gestione del personale e, negli anni ha arricchito il suo bagaglio personale di conoscenze, frequentando corsi di yoga, rilassamento, tecniche tantriche e PNL.

Quando l'ho conosciuta, una sera a cena, capitata come si dice in questi casi, casualmente di fianco al mio, si è lasciata affascinare da tutte le informazioni e potenzialità delle discipline analogiche che, senza interruzione, ho continuato ad illustrarle per tutta la durata della serata conviviale.

L'ho rivista dopo quasi un anno, nella sede dell'istituto a Milano, dove seguiva con entusiasmo e dedizione il percorso formativo, già a buon punto.

Durante la pausa, abbiamo pranzato insieme, ed è stata in quella occasione che Ross si è aperta con me, confidandomi che avrebbe voluto confrontarsi in privato su una questione che lei stessa, fino a quel giorno, teneva a tutti rigorosamente nascosta.

Incuriosito da una così improvvisa richiesta, non potei tacere neanche volendo e immediatamente esclamai: "Parliamone se vuoi anche adesso, abbiamo ancora trenta minuti alla ripresa delle lezioni. Dai che c'è un bar più avanti dove possiamo starcene tranquilli." Annuii prima pensierosa, poi con sicurezza sentenziò: "Andiamo".

Nel locale non c'era nessuno, terminato il pranzo domenicale, tutti evidentemente se n'erano già andati, chi a casa, chi a godersi una passeggiata nel pallido sole primaverile.

Davanti al secondo caffè, con estrema prudenza e testando gradualmente fiducia e affidabilità, Ross attaccò: "Ti dico la verità", da piccola ho subìto un piccolo abuso da mio padre, non credo sia grave, si tratta solo del massaggio che mi faceva sulla schiena, quando mi addormentavo, però non sono sicura ma, non ricordo bene, credo che ogni tanto scendeva con le dita a toccarmi il sedere e l'ano. Sono certa che è successo qualcosa di simile perché mio marito, appena si avvicina lì, io scappo, lo rifiuto, mi prende una paura e cominciano a tremarmi tutte le gambe!"

Osservavo con attenzione la sua voce e il suo sguardo: non sembravano molto sofferenti nel ricordare quegli eventi. Fece una pausa abbastanza lunga, rovistando lentamente nella tazzina col cucchiaino, come se cercasse di ricordare, sentendosi liberata, almeno un po', di un peso.

"Ho provato da sola con l'analogica e l'ipnosi dinamica, ma non riesco a ricordare.. a volte ho come la sensazione netta, a volte non ricordo niente, mi sembra, ma non ne sono certa".

Cerco allora di capire il motivo di questa confidenza e senza pensarci troppo le propongo: "Vorresti fare una seduta di riequilibrio con me, Ross?" Quasi simultaneamente, alzando di scatto verso di me i suoi grandi occhi neri, annuì immediatamente: "Sì, mi piacerebbe, forse con qualcuno che mi aiuta riesco a sbloccarmi". Così la settimana successiva la ricevo in seduta.

Qualche giorno dopo Ross è in piedi nello studio, in posizione ortostatica. Sensibilizzo con i simboli l'inconscio, faccio il codice "Si-No", poi il negoziato e quindi troviamo il Turbamento Base all'età di otto anni.

Ross comincia a ricordare e il suo corpo risponde con un forte tremore alle gambe. Rivive alcune scene del papà che dolcemente le massaggia la schiena.

Chiedo al suo inconscio se in qualche simile occasione è stata toccata nella zona anale e ricevo dal suo corpo una

risposta affermativa. Ripeto la domanda poco dopo per averne conferma e la risposta è sempre uguale.
A questo punto formulo la domanda che talvolta aiuta nella successiva fase di comprensione logica: "Ti ha procurato dolore questo fatto? Lo hai vissuto come una violenza?" No, risponde l'Io Bambino ripetutamente, allora vado alla successiva: "Ti è piaciuto quando ti toccava lì nella zona dell'ano?" Sì risponde l'Io Bambino di Ross.
La faccio accomodare in poltrona, sta riflettendo sulla risposta ricevuta, sembra inverosimile all'apparenza, ma Ross comprende e sente dentro di se che è la verità, la stessa che forse non voleva ammettere.
L'inconscio non giudica mai gli eventi, ne registra solo l'emozione. Ross si sentiva inconsciamente in colpa per aver provato un qualche forma di piacere, in contrasto con la sua cultura, i suoi valori e la sua coscienza.
Ci fu solo quell'incontro, non ne seguirono altri. La ritrovai un giorno, ad un corso di aggiornamento, quasi sei mesi dopo. Mi disse che ci aveva lavorato molto su quegli eventi e che era andata ancora più a fondo. Ora quell'area del corpo si era trasformata in una fonte di piacere accettata e consapevole. "Un giorno ho compreso che la verità era più profonda ancora e che il dolore più grande, l'ho vissuto quando ho dovuto rinunciare a quei piacevoli massaggi, per la paura che mio padre mi abbandonasse ...".
Il mio sguardo andò dritto incontro ai suoi occhi e un brivido mi percorse tutta la schiena.
Una donna coraggiosa che, per amore della verità, era stata capace di percorrere fino in fondo, il tormentato viaggio dentro il suo trauma.

Yuri, storia di disistima
Yuri si presenta nella hall dell'albergo, un quattro stelle, praticamente scalzo.
Capelli lunghi e spettinati, decisamente sporco e con la puzza di alcool addosso.

Ci accomodiamo velocemente in una piccola stanza e nell'accostare la porta alle spalle, intravedo la faccia disgustata del portiere, quasi pentito della simpatia appena accordatami all'arrivo, con un grande e baffuto sorriso.
Anche la storia di Yuri è una storia triste di rifiuti, abbandoni e disistima, come tante.
Yuri quel giorno aveva quasi quarantotto anni e da circa trenta, era caduto in quella condizione, scelta e voluta, di vivere da barbone, lontano da casa, dimenticato da tutti.
Durante la seduta di riequilibrio emozionale, collegato al Turbamento Base, emerge immediatamente questo rifiuto subìto, con estrema sofferenza dalla madre. Anche il Sigillo della Disistima, come un'impronta conseguente, lo sembra segnare in maniera determinante.
Non sentendosi amato dalla nascita, e con la convinzione di non valere niente, come uomo, come maschio e come persona, Yuri si era lasciato lentamente, ma inesorabilmente andare fino a diventare un vero e proprio barbone squattrinato, vivendo di carità per strada e dormendo all'agghiaccio sotto i ponti.
Durante l'incontro continuavo a chiedermi perché avesse scelto di incontrarmi, cosa stesse cercando. Forse di reagire? Forse una speranza di uscita da quella difficile condizione?
Ricordo, fu ad un certo punto dell'incontro, lui era seduto davanti a me con gli occhi puntati a terra, che mi arrivò netta un'intuizione, un flash e lo chiamai a voce più alta, invitandolo a guardarmi: "Ma Yuri, proprio non capisci? Non vedi quanto amore hai riversato verso la mamma, in tutti questi anni, per diventare quello che alla nascita avevi percepito emozionalmente di essere, cioè una nullità rifiutata? Non vedi come il diventare un barbone, un fallito, è proprio il modo che hai utilizzato da sempre, per riuscire ad essere ciò che immaginavi lei volesse da te, per riuscire a conquistarla? Capisci Yuri, l'hai fatto solo per farti amare da lei?

Yuri, a quel punto, spalancò gli occhi, quasi incredulo. Gli stavo forse ribaltando il paradigma di vita con quelle parole e per la prima volta, forse, guardava i fatti con una prospettiva diversa. La sua attenzione aumentò decisamente, per cui incalzai: "Ma non ti rendi conto Yuri che cuore grande possiedi, di quanta capacità di amare stai esprimendo con questo tuo comportamento? Prova a riflettere, apri gli occhi per una volta e renditi conto, il tuo essere un barbone per scelta è come il grido di bambino che piange solo nella notte perché vuole la sua mamma! Ma tu chi sei? Come fai ad avere un cuore così grande fino al punto di annientarti, pur di arrivare un giorno a ritrovarti abbracciato e coccolato, fra le braccia di tua madre?"

Fu una botta, anche per me. Non riuscivo a trattenere la compassione, fra i brividi che mi percorrevano tutto il corpo. Cercavo di controllarmi per trasmettere a Yuri forza ed autorevolezza. Poi quando incontrai i suoi occhi neri, pieni di lacrime e stupore, aprii i palmi delle mani e lo abbracciai. Era sorpreso, commosso. Mi sforzai di stringere le braccia al suo corpo perché il tanfo di sporco e di vino era davvero insopportabile.

"Yuri, tu sei l'uomo da mettere sul piedistallo, come esempio, capisci, non sei l'ultimo ma il primo, tu sei un grande! Tu, il barbone che sta insegnando a me che si può amare fino al punto di annientarsi per conquistare un amore negato."

Si tirò su, appoggiandosi allo schienale della sedia. Oltre che incredulo, colsi per un attimo una leggera perplessità verso le mie parole, per cui rafforzai ancora di più il concetto: "Yuri tu stai aiutando me a conoscere un livello d'amore che non ho mai incontrato in tutta la vita, grazie Anima antica, grazie per essere arrivata sulla mia strada!"

A quel punto, ritornai ad un tono più professionale: "Tu non puoi comprendere fino in fondo le ragioni per cui tua madre ti ha rifiutato e di sicuro non le conosci nemmeno tutte. La cosa che puoi fare, quella che ti consiglio di fare, se ti senti

pronto, è metterti nella condizione di ricominciare a far fluire verso di lei l'amore che senti per la tua mamma. Vai da lei, comincia a darle un buffetto sulla guancia, una carezza, un abbraccio se ci riesci, con tutta la gradualità che ti serve, ma fallo. Magari lo rifiuterà, oppure resterà sorpresa, ma tu preoccupati solo di far fluire questo amore che senti e ascoltalo cozzare contro la tua paura del rifiuto. Dille che le hai sempre voluto bene e gliene vuoi ancora molto. Sai Yuri, potrebbe anche essere che succeda un miracolo, sai potrebbe anche essere che questo tuo amore, rompa quella crosta così dura che avvolge il suo cuore. Il mio unico consiglio: provaci e fammi sapere com'è andata, mi raccomando, ci tengo davvero a saperlo."
"Grazie, ci proverò. Non ho i venti euro per pagare l'affitto della stanza, però ho questi che ho messo da parte questa settimana rinunciando al vino con fatica!" Tiro fuori dalla tasca cinque euro, tutti zozzi e accartocciati. Insistette più volte perché li accettassi.
A distanza di quasi un anno e mezzo, dopo non averlo più visto ne sentito, nel bel mezzo di una conferenza serale, vedo aprirsi la porta della sale e me lo vedo apparire davanti.
Yuri ha i capelli ancora lunghi e la barba, ma sembra pulito, anche se i jeans e il maglione sono un po' trasandati. Appena ci incrociamo con lo sguardo, mi sorride contento anche lui di rivedermi. A fine serata mi confida che addirittura è riuscito a stendersi sulle ginocchia della mamma e a farsi coccolare stretto al suo petto. "Le ho detto che le ho sempre voluto bene, anche se non mi ha risposto, però mi ha stretto a lei e ho sentito che la odiavo di meno ... anzi ora non so più se la odio ancora."
Yuri mi confida, felice e orgoglioso, che non si droga più, ma il vino lo beve ancora e con la moglie va molto meglio, anche lui si giudica più sereno. Ora lavora saltuariamente e il barbone lo fa la sera un po' per gioco, soprattutto per ritrovarsi con i suoi vecchi amici.

"Come? Ti drogavi e non me l'hai mai detto?" Gli chiedo io sbalordito con tono quasi offeso.
"Per la verità sei tu che non me lo hai mai chiesto," sentenziò sbottando, dandomi una pacca amichevole sulla spalla. Ci abbracciammo nuovamente per continuare ognuno per la propria strada.

Annabella in orfanotrofio
Incontrai Annabella proprio al mio primissimo corso da consulente analogico, in una calda estate di tanti anni fa. Seduta in disparte sul divanetto, minuta e paffutella, tutta vestita di nero, sempre in silenzio. Il suo compagno mi chiede un incontro privato per lei a fine giornata.
"Se c'è una regola madre che va sempre rispettata è che sia direttamente lei a chiedermelo." Dissi con assoluta decisione.
Dopo una settimana, Annabella arriva da me, ha le mani fredde, il viso pallido. La faccio accomodare in poltrona e le chiedo il motivo dell'incontro. Si tira su pian piano, a fatica, appoggiandosi al bordo, rimanendo a lungo in silenzio. La sollecito a più riprese a raccontare, ad aprirsi, chiedendole con delicatezza cosa la rattrista così tanto, cosa la fa soffrire.
Ad un certo punto, Annabella lancia un mugolio, quasi un rantolo spezzato, mettendosi entrambe le mani a coprirsi gli occhi, come a non volere vedere e comincia fra i singhiozzi, a raccontare la sua storia tremenda. Qui la racconto in estrema sintesi, senza interruzione, giudizi e commenti.
"Io avevo dodici anni ed ero da sei in orfanotrofio dalle suore. Era il periodo di Natale ed ero tutta contenta, perché la suora, mi aveva detto che la mamma sarebbe venuta a prendermi, per passare le feste a casa. Ero felice, non era mai venuta a trovarmi, nemmeno una volta, in tutti quegli anni. Quando è arrivata c'era anche mio fratello più grande con lei. E' stato quando siamo arrivati a casa, subito dopo pranzo, mi hanno portato a vedere la mia cameretta e con una spinta alla

schiena, mio fratello mi ha buttata sul letto, mi ha strappato i vestiti e mi ha violentata.
Io piangevo e urlavo, chiamavo la mamma che era lì in piedi, guardava e non faceva niente per farlo smettere, anzi aveva gli occhi lucidi come un misto fra odio e piacere. Per quattro giorni ho vissuto quell'incubo, senza più reagire, avevo paura.
Tornata in orfanotrofio, scoprii dopo due mesi di essere incinta. Piangevo sempre perché capivo che non sarei più potuta diventare una suora come volevo."
Scrivo la storia di Annabella, perché al tempo che venne da me, la bambina nata aveva ormai diciassette anni. Annabella viveva in città e il presunto fratello, padre della figlia, a pochi caseggiati da lì.
Mi racconta che la figlia dorme regolarmente dallo "zio", però ogni mese, puntuale da anni, lei la porta a fare una visita ginecologica per vedere "se è ancora vergine".
Comincio a comprendere la spirale emotiva perversa che scandisce le sue giornate.
Non mi soffermo qui sulle tappe dei nostri incontri, né su altri particolari della vicenda.
Con Annabella il riequilibrio è stato articolato, ma qui voglio sottolinearne solo un aspetto particolare. Ho provato più volte a farla riflettere, rispetto ad un ruolo così insolito di una madre, che guarda uno stupro senza intervenire. Infine le chiedo se, oltre al fratello, sia sicura che quella donna, sia proprio sua madre. Lei sembra addirittura stupita dalla domanda, non le era mai venuto il benché minimo dubbio. La aiuto a riflettere, fino ad insinuarle il dubbio. A quel punto Annabella cambia colore ed energia del viso.
Con pazienza ma con fare risoluto, la convinco ad andare a far visita alla madre ormai vecchia, alloggiata in una casa di riposo non troppo lontana. Erano tanti anni ormai, dal tempo di quegli orrori, che non la rivedeva più. Doveva riuscire a dirle, per il bene stesso di Annabella, che la amava comunque, se fosse stata davvero la sua mamma.

Tempo dopo, mi telefona per dirmi che ci aveva messo quasi due mesi a trovare il coraggio per recarsi da lei e, quando si decise, ci fu pure la coincidenza che il fratello tre giorni prima, le chiese per la prima volta, se voleva andare con lui a trovare la mamma.
"Sono arrivata con il cuore in gola al cancello della casa di riposo e sono andata ad annunciarmi. E' scesa l'infermiera e mi ha riferito che purtroppo la mamma non voleva vedermi, però lì al momento non ci sono rimasta male come pensavo. Poi mi è successa una cosa incredibile: quando sono uscita dall'ingresso, mi sentivo stranamente calma, più leggera, è strano vero? Non ero riuscita nemmeno a parlarle!"

La Storia di Olga
Anche questa ultima storia ha veramente dell'incredibile. Se non mi fosse capitata personalmente qualche anno fa, stenterei a crederla. Appena entrato nella sala per iniziare un corso, in prima fila noto una bella donna, alta, con i capelli neri, poco truccata, che cattura la mia attenzione per via del viso cupo, senza sorriso e lo sguardo duro e diffidente nei miei confronti.
Non era la prima volta che capitava, è normale per qualcuno, al primo impatto.
Passano solo pochi minuti e quella donna, anziché chiedere normalmente di intervenire con una domanda o considerazione, improvvisamente mi interrompe e, con voce stridula da bambina impaurita, esclama: "Tu, si tu, mi vuoi far del male, lo so, ho paura di te" rannicchiandosi in posizione fetale sulla sedia.
Sorpreso le chiedo il nome e la sollecito, con tono volutamente comprensivo a chiarire quelle parole. "Sì, ho paura, vorrei scappare, ma sento che devo restare qui."
Anche in sala, nell'imbarazzo generale, cala improvvisamente un silenzio che resta sospeso qualche secondo nell'aria.

Dopo quelle parole buttate in faccia, ora Olga sembra più calma, il viso è molto pallido, segnato da una smorfia di rassegnazione che non comprendo.

Mi sento un po' confuso e nervosamente agitato, per cui esco da quella situazione, offrendole pubblicamente la disponibilità ad incontrarla se lo desidera, al termine dell'incontro.

Così a tarda sera, Olga si sottopone volentieri ad una seduta di riequilibrio emozionale, dalla quale emerge un conflitto remoto con una femmina, della quale però, non riesco a risalire al nome, quando ancora si trovava nell'utero materno.

Finito l'incontro, ci accordiamo per vederci il mattino seguente per far colazione insieme.

Tornato in camera pensieroso, mi metto sotto la doccia, per togliermi il peso della stanchezza e rilassarmi un po', poi mi siedo sul bordo del letto, entro in meditazione, recito qualche preghiera e, con la tecnica dell'ammiccamento delle palpebre, disegno nell'aria il profilo della sua persona, per testarne eventuali tensioni, blocchi o presenze energetiche.

Quella dell'ammiccamento è una tecnica, ormai molto nota, appresa durante il percorso formativo con il dr. Nader Butto, noto cardiologo israeliano e ricercatore olistico.

Non credetti letteralmente ai miei occhi: tutta la parte sinistra del corpo visualizzato di Olga rifletteva una presenza che partiva dal collo, per proseguire fin lungo il fianco, oltre il bacino. Così lunga ed estesa cosa poteva essere? Con quel dubbio chiesi comunque il permesso, di mandarla nella Luce di Dio. Impregnai io stesso di Luce bianca e dorata, quella eventuale presenza e le diedi il comando di andarsene dal corpo di Olga. Ringraziai, pregai ancora, poi mi misi a letto con quel pensiero e la testa proiettata all'intensa giornata del giorno successivo.

Ricordo ancora che stavo riempiendo il piatto di yogurt bianco, pane tostato, burro e marmellata di fragole, quando Olga si affacciò nella sala da pranzo, accompagnata da un'amica che, staccandosi da lei, mi viene incontro con aria

preoccupata e ansimante dicendo:" Ma cosa sta succedendo questa mattina? Olga ha insistito per uscire ancora all'alba a fare una passeggiata, era strana, agitata. Continuava a ripetere: "Non c'è più.., se n'è andata via..., non c'è più per sempre .... e io adesso sono sola, sola per sempre."
Quelle parole mi arrivarono come una forte ondata emotiva. Era successo davvero, un'altra emozione contraddittoria mi prese. Da una parte ero felice, per me e lei per il legame sciolto, dall'altra temevo di aver fatto forse una cosa inopportuna e che non dovevo fare. Andai subito da Olga per chiederle come sentiva, era davvero strana, sembrava non volesse mi avvicinassi. Poi d'un tratto, alzò lo sguardo e sentenziò: "Appena riprendiamo il corso, voglio parlare a tutti di quello che mi è successo stanotte, posso?!".
Annuii con la testa, non sembrava così sconvolta, anzi, la sentivo quasi orgogliosa della sua nuova e apparente condizione. Più tardi, di fronte a tutta la platea dei curiosi corsisti Olga, devo dire con molto coraggio e alcune lacrime, prese a raccontare...
"Io e mia sorella eravamo una gravidanza gemellare, però nella placenta mi sono sviluppata solo io, mia sorella è morta quasi subito nei primi giorni. Io oggi ho quarantaquattro anni ed è tutta la vita che sento la sua presenza... capita a volte che a tavola voglia prendere il bicchiere dell'acqua per bere e invece il braccio va a raccogliere il pane; condisco l'insalata e non riesco a versare poco olio, il braccio mi rimane bloccato e inclinato per altri due o tre secondi .... Ma adesso mia sorella non c'è più, non la sento più dentro di me, adesso mi sento come una bambina in prima elementare, insicura e impaurita... non voglio rimanere sola, chi mi aiuta adesso?"
Olga si rimette a piangere. In sala tutti la guardano stupiti, dal suo racconto quasi irreale.
A quel punto, le rivelo, non senza cautela, il rituale della sera precedente e che sua sorella se ne è andata via felice nella Luce, ritornando nel mondo delle Anime. Aggiungo poi una

frase, per volerla tranquillizzare ulteriormente: "Tua sorella mi ha detto che ti ringrazia tanto per averla accolta in questi anni, per averle fatto sperimentare come è bello vivere qui sulla terra da umani, ma che adesso per lei era arrivato il momento di andare."

PARTE TERZA

CARTE D'IDENTITÀ ANALOGICHE
(strutture egocentriche)

FEMMINA
EGO-FEMMINA-ASTA

Tipologia: Bipolare (ha l'ex conflittualità uguale al penalizzante);
Avere Alterato (la femmina stimolata Asta è sempre Alterata);
Sei: Un Avere che ragiona da essere: emotivamente ami possedere, logicamente ami desiderare;
Causa dei dolori: la attribuisce a nessuno o a entrambi i genitori;
Relazioni significative. Ha la Relazione Significativa egocentrica dove è annidata la sua vera sofferenza con il Regista Maschio. Avendo un solo maschio in triade vuole tutto da lui: istituzione e trasgressione. Ha la tendenza a scegliere maschi più anziani di lei ha avuto un padre troppo assente. Ha egemoni il Risentimento verso l'Antagonista Reale e ne attribuisce le colpe a Se stessa.
Ruolo e Triade: Lei è Adulto Significativo in quanto femmina conforme alla qualità dell'Ego; Regista maschio; Elemento di Verifica Femmina (Stimolatore Gratificante); Tende a giustificare i torti ricevuti essendo alterata.
Ex conflittualità: con il Padre, quindi, ha il sesso non conforme alla ex conflittualità per cui ha l'Antagonista Reale mentre l'Oggetto di Desiderio è solo Presunto;
Era: Genitoriale Asta-Triangolo, poi Asta-Cerchio, infine Ego-Femmina-Asta.

Da Adulto significativo vuole: farsi giudicare dal suo Regista maschio per come si comporta con le altre femmine;
Aggancio: Ama la relazione Simmetrica; si sgancia con la relazione Complementare. Se sei femmina entri in relazione con lei in ruolo Trasgressivo per essere E.V.; se sei maschio, entri in relazione significativa solo in ruolo Istituzionale per essere duplicante Regista;
Piacere e Sofferenza: la Femmina Adulto Significativo di questa tipologia, essendo Alterata, trae piacere quando il suo Regista Maschio si relaziona in maniera Simmetrica con lei e in maniera Complementare con le altre (Femmine); soffre quando il suo Regista si relaziona in maniera Complementare con lei o in maniera Simmetrica con le altre (Femmine);
Particolarità: in quanto Ego Femmina diffida delle donne e in quanto donna, diffida anche di Se stessa e delle femmine trasgressive, pur essendone attratta. Prova affidabilità nei confronti dei maschi istituzionali. C'è la presenza dell'amica del cuore in quanto è Bipolare.
Anatema: è gradualmente sensibile all'Anatema Puttana, in quanto femmina con la ex conflittualità paterna che la giudicava per come si comportava con i maschi.
La donna bipolare Asta, agganciando naturalmente maschi Triangolo, si sentirà amata ma il suo coinvolgimento sarà solo logico. Viceversa, se sarà lei a scegliere un maschio Asta, sentirà di amare ma sarà corrisposta solo a livello logico, non a livello emotivo.
Chiavi: E' il MASCHIO che regola la sua Emotività. Appaga in ruolo attivo e RIGENERA in ruolo PASSIVO. E' invece la FEMMINA che regola la sua Reattività. Appaga in ruolo passivo e RIGENERA in ruolo ATTIVO.

Vuoi: il maschio in ruolo PASSIVO per rigenerare il Pathos in ruolo Istituzionale; vuoi la femmina in ruolo ATTIVO per rigenerare la Reattività in ruolo Trasgressivo.
Per agganciarti la femmina ti può entrare sul Pathos solo in ruolo gradualmente passivo.

FEMMINA
EGO-FEMMINA-TRIANGOLO

Tipologia: Monopolare (ha l'ex conflittualità diversa dal penalizzante);
Essere Base (la femmina stimolata Triangolo è sempre Base);
Sei: Un Essere che ragiona da essere: sia emotivamente che logicamente ami desiderare;
Causa dei dolori: la attribuisce a Se stessa;
Relazioni significative. Ha la relazione Significativa egocentrica dove è annidata la sua vera sofferenza con la Regista Femmina. Avendo un solo maschio in triade vuole tutto da lui: istituzione e trasgressione. Ha egemoni il Senso di Colpa e l'antagonismo verso le femmine.
Ruolo e Triade: Lei è Adulto Significativo in quanto femmina conforme alla qualità dell'Ego; Regista femmina; Elemento di Verifica (stimolatore Gratificante) maschio. Tende a non giustificare i torti ricevuti essendo Base.
Ex conflittualità: con il Padre quindi ha il sesso non conforme alla sua ex conflittualità per cui ha l'Antagonista Reale mentre l'Oggetto di Desiderio è solo Presunto;
Era: Asta-Triangolo soffrendo di un padre troppo presente, poi Ego-Femmina-Triangolo.
Da Adulto Significativo vuole: farsi giudicare del suo Regista femmina per come si comporta con i maschi;

Aggancio: Ama la relazione Complementare; si sgancia con la relazione Simmetrica;
Se sei femmina entri in relazione significativa con lei in ruolo Istituzionale per essere duplicante Regista; se sei maschio, entri in relazione con lei in ruolo Trasgressivo per essere Elemento di Verifica.

Piacere e Sofferenza: la Femmina Adulto Significativo di questa tipologia, essendo Base, trae piacere quando il suo Regista Femmina si relaziona in maniera Complementare con lei e in maniera Simmetrica con gli altri; soffre quando il suo Regista si relaziona in maniera Simmetrica con lei o in maniera Complementare gli altri;

Particolarità: in quanto Ego Femmina diffida in genere delle donne, pur essendone attratta. Ama il maschio in ruolo trasgressivo e prova affidabilità nei confronti di Se Stessa e delle femmine Istituzionali.

Anatema: è gradualmente sensibile all'Anatema Puttana, in quanto femmina con la ex conflittualità paterna.

Chiavi: E' la FEMMINA che regola la sua Emotività: appaga in ruolo Passivo e RIGENERA in ruolo ATTIVO. E' invece il MASCHIO che regola la sua Reattività. Appaga in ruolo attivo e RIGENERA in ruolo PASSIVO.

Vuoi: la femmina in ruolo ATTIVO per rigenerare il Pathos in ruolo Istituzionale; vuoi il maschio in ruolo PASSIVO per rigenerare la Reattività in ruolo Trasgressivo.
Per agganciarti il maschio ti può entrare sul Pathos solo in ruolo gradualmente Passivo.

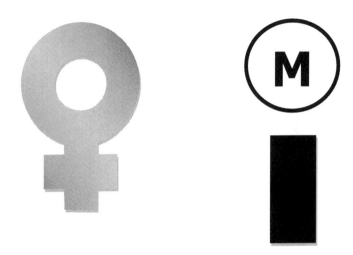

FEMMINA
EGO-MASCHIO-ASTA

Tipologia: Monopolare (ha l'ex conflittualità diversa dal penalizzante); Essere Alterato (la femmina stimolata Asta è sempre Alterata);
Sei: Un Essere che ragiona da Avere: emotivamente ami desiderare, logicamente ami possedere;
Causa dei dolori: tende a vivere sensi di colpa per causa di altri;
Relazioni significative. Ha la relazione Significativa egocentrica dove è annidata la sua vera sofferenza con l'Adulto Significativo maschio. Avendo un solo maschio in triade vuole tutto da lui: istituzione e trasgressione.
Ruolo e Triade: Lei è Regista in quanto femmina non conforme alla qualità dell'Ego; Adulto Significativo maschio; Elemento di Verifica (stimolatore Gratificante) femmina. Tende a giustificare i torti ricevuti essendo Alterata.
Ex conflittualità: con la madre ha il sesso conforme alla sua ex conflittualità. Ha l'Antagonista solo Presunto mentre l'Oggetto di Desiderio è Reale;
Era: Triangolo-Cerchio, soffrendo di una madre troppo assente, poi Triangolo-Asta, infine Ego-Maschio- Asta.

da Regista: giudica il suo Adulto Significativo maschio per come si comporta con le altre femmine;
Aggancio: Ama la relazione Simmetrica; si sgancia con la relazione Complementare;
Se sei femmina entri in relazione significativa con lei in ruolo Trasgressivo per essere Elemento di Verifica; se sei maschio entri in relazione Significativa con lei in ruolo Istituzionale per essere Adulto Significativo.

Piacere e Sofferenza: la Femmina Regista di questa tipologia, essendo Alterata, trae piacere quando il suo Adulto Significativo maschio, si relaziona in maniera Simmetrica con lei e in maniera Complementare con le altre; soffre quando il suo Adulto Significativo si relaziona in maniera Simmetrica con le altre o in maniera Complementare lei;
Particolarità: in quanto Ego Maschio diffida in genere dei maschi pur essendone attratta. Ama il maschio in ruolo Istituzionale e prova attrazione nei confronti delle femmine trasgressive.
Anatema: è gradualmente sensibile all'Anatema Lesbica, in quanto femmina con la ex conflittualità materna per cui vive la paura di esserlo.
Chiavi: E' il MASCHIO che regola la sua Emotività: appaga in ruolo passivo e RIGENERA in ruolo ATTIVO. E' invece la FEMMINA che regola la sua Reattività. Appaga in ruolo Attivo e RIGENERA in ruolo PASSIVO.
Vuoi: il maschio in ruolo ATTIVO per rigenerare il pathos in ruolo istituzionale, vuoi la femmina in ruolo PASSIVO per rigenerare la Reattività in ruolo trasgressivo.
Il maschio in Passivo appaga il Pathos; la Femmina in Attivo appaga la reattività.

FEMMINA
EGO-MASCHIO-TRIANGOLO

Tipologia: Bipolare (ha l'ex conflittualità uguale al penalizzante);
Essere Base (la femmina stimolata Triangolo è sempre Base);
Sei: Un Avere che ragiona da Avere: ami possedere sia emotivamente che logicamente;
Causa dei dolori: la attribuisce a entrambi i genitori;
Relazioni significative. Ha la relazione Significativa egocentrica dove è annidata la sua vera sofferenza con l'Adulto Significativo maschio. Avendo due maschi in triade, tende ad attribuire a uno un ruolo prettamente istituzionale e all'altro un ruolo esclusivamente trasgressivo.
Ruolo e Triade: Lei è Regista in quanto femmina non conforme alla qualità dell'Ego; Adulto Significativo maschio; Elemento di Verifica (stimolatore Gratificante) maschio. Tende a non giustificare i torti ricevuti essendo una struttura Base.
Ex conflittualità: con la madre ha il sesso conforme alla sua ex conflittualità. Ha l'Antagonista solo Presunto mentre l'Oggetto di Desiderio è Reale;
Era: Triangolo-Cerchio, madre troppo assente, poi Ego-Maschio-Triangolo.
Da Regista: giudica l'Adulto Significativo maschio per come si comporta con i maschi;
Aggancio: Ama la relazione Complementare; si sgancia con la relazione Simmetrica;

Se sei femmina non entri in relazione significativa con lei non avendo altre femmine in triade oltre lei; se sei maschio puoi entrare o in relazione Significativa con lei in ruolo Istituzionale da Adulto Significativo, o in ruolo trasgressivo come Elemento di Verifica.

Piacere e Sofferenza: la Femmina Regista di questa tipologia, essendo Base, trae piacere quando il suo Adulto Significativo maschio, si relaziona in maniera Complementare con lei e in maniera Complementare anche con gli altri maschi; soffre quando il suo Adulto Significativo si relaziona in maniera Simmetrica con lei e con gli altri maschi. Non accetta ruoli troppo trasgressivi dal suo Adulto Significativo ne ruoli Istituzionali dal suo Elemento di Verifica;

Particolarità: in quanto Ego Maschio diffida in genere dei maschi pur essendone attratta. Ama il maschio in ruolo Istituzionale e anche il maschio in ruolo trasgressivo; data la sua particolare struttura emotiva, ama relazionarsi quasi esclusivamente con i maschi.

La donna bipolare Triangolo, agganciando naturalmente maschi Asta, si sentirà amata ma il suo coinvolgimento sarà solo logico. Viceversa, se sarà lei a scegliere un maschio Triangolo, sentirà di amare ma sarà corrisposta solo a livello logico, non a livello emotivo.

Anatema: è gradualmente sensibile all'Anatema Lesbica, in quanto femmina con la ex conflittualità materna per cui vive la paura di esserlo.

In quanto bipolare c'è la presenza dell'amica del cuore;

Chiavi: E' il MASCHIO che regola la sua emotività: appaga in ruolo attivo e RIGENERA in ruolo PASSIVO. E' invece la FEMMINA che regola la sua Reattività, appaga in ruolo passivo e RIGENERA in ruolo ATTIVO.

Vuoi: il maschio in ruolo PASSIVO per rigenerare il pathos in ruolo sia istituzionale che trasgressivo, vuoi la femmina in ruolo ATTIVO per rigenerare la Reattività in ruolo istituzionale. Il maschio in Attivo appaga il Pathos; la Femmina in passivo appaga la reattività.

MASCHIO
EGO-FEMMINA-ASTA

Tipologia: Bipolare (ha l'ex conflittualità uguale al penalizzante);
  Avere Base (il maschio stimolato Asta è sempre Base);
Sei: Un Avere che ragiona da avere: sia emotivamente che logicamente ami possedere;
Causa dei dolori: la attribuisce agli altri;
Relazioni significative. Ha la relazione Significativa egocentrica dove è annidata la sua vera sofferenza con l'Adulto Significativo Femmina. Avendo due femmine in triade tende ad attribuire a una un ruolo prettamente istituzionale e all'altra un ruolo esclusivamente trasgressivo.
Ruolo e Triade: Lui è Regista in quanto maschio non conforme alla qualità dell'Ego; Adulto Significativo femmina; Elemento di Verifica femmina. Tende a non giustificare i torti ricevuti essendo Base.
Ex conflittualità: con il Padre quindi ha il sesso conforme alla sua ex conflittualità per cui ha l'Antagonista solo Presunto mentre l'Oggetto di Desiderio è Reale;
Era: Asta-Cerchio soffrendo di un padre troppo assente, poi Ego-Femmina-Asta.
Da Regista vuole: giudicare il suo Adulto Significativo femmina per come si comporta con le altre femmine;
Aggancio: Ama la relazione Complementare; si sgancia con la relazione Simmetrica;

Se sei maschio non entri in relazione significativa con lui non avendo altri maschi in triade oltre se stesso; se sei femmina puoi entrare o in relazione Significativa con lui in ruolo Istituzionale da Adulto Significativo, o in ruolo trasgressivo come Elemento di Verifica. Se sei maschio entri in relazione significativa con lui in ruolo Istituzionale solo per essere duplicante Regista.

Piacere e Sofferenza: il maschio Regista di questa tipologia, essendo Base, trae piacere quando il suo AS Femmina si relaziona in maniera Complementare con lui e in maniera Simmetrica con gli altri; soffre quando il suo AS si relaziona in maniera Simmetrica con lui o in maniera Complementare gli altri;

Particolarità: in quanto Ego Femmina diffida in genere delle donne pur essendone attratto. Ama la femmina in ruolo trasgressivo e prova diffidenza nei confronti anche delle femmine Istituzionali.

Il maschio bipolare Asta, agganciando naturalmente donne Triangolo, si sentirà amato ma il suo coinvolgimento sarà solo logico. Viceversa, se sarà lui a scegliere una donna Asta, sentirà di amare ma sarà corrisposto solo a livello logico, non a livello emotivo.

Anatema: è gradualmente sensibile all'Anatema Frocio, in quanto maschio con la ex conflittualità paterna.

Chiavi: E' la FEMMINA che regola l'Emotività. Appaga in ruolo Attivo e RIGENERA in ruolo PASSIVO. E' invece il MASCHIO che regola la Reattività. Appaga in ruolo passivo e RIGENERA in ruolo ATTIVO.

Vuoi: la Femmina in ruolo PASSIVO per rigenerare il Pathos sia in ruolo istituzionale che trasgressivo; vuoi il Maschio in ruolo ATTIVO per rigenerare la Reattività in ruolo istituzionale. La Femmina in Attivo appaga il Pathos; il Maschio in Passivo appaga la Reattività.

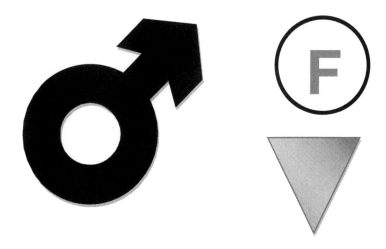

MASCHIO
EGO-FEMMINA-TRIANGOLO

Tipologia: Monopolare (ha l'ex conflittualità diversa dal penalizzante); Essere Alterato (il maschio stimolato Triangolo è sempre Alterato);
Sei: Un Essere che ragiona da Avere: emotivamente ami desiderare, logicamente ami possedere;
Causa dei dolori: tende a vivere sensi di colpa per causa di altri;
Relazioni significative. Ha la relazione Significativa egocentrica dove è annidata la sua vera sofferenza con l'Adulto Significativo femmina. Avendo una sola femmina in triade vuole tutto da lei: istituzione e trasgressione.
Ruolo e Triade: Lui è Regista in quanto maschio non conforme alla qualità dell'Ego; Adulto Significativo femmina; Elemento di Verifica (stimolatore Gratificante) maschio. Tende a giustificare i torti ricevuti essendo Alterato.
Ex conflittualità: con il padre ha il sesso conforme alla sua ex conflittualità. Ha l'Antagonista solo Presunto mentre l'Oggetto di Desiderio è Reale;
Era: Asta-Cerchio, soffrendo di un padre troppo assente, poi Asta-Triangolo, infine Ego-femmina- Triangolo
Da Regista: giudica il suo Adulto Significativo femmina per come si comporta con gli altri maschi;

Aggancio: Ama la relazione Simmetrica; si sgancia con la relazione Complementare;
Se sei maschio entri in relazione significativa con lui in ruolo Trasgressivo per essere Elemento di Verifica, se sei femmina entri in relazione Significativa con lui in ruolo Istituzionale per essere Adulto Significativo.

Piacere e Sofferenza: il maschi Regista di questa tipologia, essendo Alterato, trae piacere quando il suo Adulto Significativo femmina, si relaziona in maniera Simmetrica con lui e in maniera Complementare con gli altri; soffre quando il suo Adulto Significativo si relaziona in maniera Simmetrica con gli altri o in maniera Complementare lui;

Particolarità: in quanto Ego Femmina diffida in genere delle femmine pur essendone attratto. Ama la femmina in ruolo Istituzionale e prova attrazione nei confronti dei maschi trasgressivi.

Anatema: è gradualmente sensibile all'Anatema Frocio, in quanto maschio con la ex conflittualità paterna per cui vive la paura di esserlo.

Chiavi: E' la FEMMINA che regola l'Emotività. Appaga in ruolo Passivo e RIGENERA in ruolo ATTIVO. E' invece il MASCHIO che regola la Reattività. Appaga in ruolo Attivo e RIGENERA in ruolo PASSIVO.

Vuoi: la Femmina in ruolo Attivo per rigenerare il Pathos in ruolo istituzionale; vuoi il Maschio in ruolo Passivo per rigenerare la Reattività, in ruolo Trasgressivo.
La femmina in Passivo appaga il pathos; il maschio in Attivo appaga la Reattività.

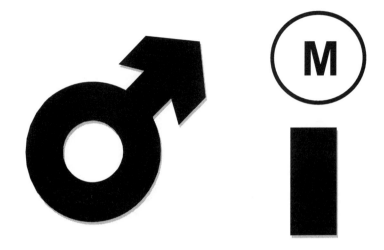

MASCHIO
EGO-MASCHIO-ASTA

Tipologia: Monopolare (ha l'ex conflittualità diversa dal penalizzante); Essere Base (il maschio stimolato Asta è sempre Base);
Sei: Un Essere che ragiona da essere: sia emotivamente che logicamente ami desiderare;
Causa dei dolori: la attribuisce a Se stesso;
Relazioni significative. Ha la relazione Significativa egocentrica dove è annidata la sua vera sofferenza con il Regista Maschio. Avendo una sola femmina in triade vuole tutto da lei: istituzione e trasgressione. Ha egemoni il Senso di Colpa e l'antagonismo verso i maschi.
Ruolo e Triade: Lui è Adulto Significativo in quanto maschio conforme alla qualità dell'Ego; Regista maschio; Elemento di Verifica (stimolatore Gratificante) femmina. Tende a non giustificare i torti ricevuti essendo Base.
Ex conflittualità: con la Madre quindi ha il sesso non conforme alla sua ex conflittualità per cui ha l'Antagonista Reale mentre l'Oggetto di Desiderio è solo Presunto;
Era: Triangolo-Asta soffrendo di una madre troppo presente, poi Ego-Maschio-Asta.

Da Adulto Significativo vuole: farsi giudicare del suo Regista maschio per come si comporta con le femmine;
Aggancio: Ama la relazione Complementare; si sgancia con la relazione Simmetrica;
Se sei maschio entri in relazione significativa con lui in ruolo Istituzionale per essere duplicante Regista; se sei femmina, entri in relazione con lui in ruolo Trasgressivo per essere Elemento di Verifica.
Piacere e Sofferenza: il maschio Adulto Significativo di questa tipologia, essendo Base, trae piacere quando il suo Regista Maschio si relaziona in maniera Complementare con lui e in maniera Simmetrica con gli altri; soffre quando il suo Regista si relaziona in maniera Simmetrica con lui o in maniera Complementare gli altri;
Particolarità: in quanto Ego Maschio diffida in genere dei maschi, pur essendone attratto. Ama la femmina in ruolo trasgressivo e prova affidabilità nei confronti di Se Stesso e dei maschi Istituzionali.
Anatema: è gradualmente sensibile all'Anatema Impotente, in quanto maschio con la ex conflittualità materna.
Chiavi: E' il MASCHIO che regola l'Emotività. Appaga in ruolo passivo e RIGENERA in ruolo ATTIVO. E' invece la FEMMINA che regola la Reattività. Appaga in ruolo attivo e RIGENERA in ruolo PASSIVO.

Vuoi: il Maschio in ruolo ATTIVO per rigenerare il pathos, in ruolo istituzionale; vuoi la Femmina in ruolo PASSIVO per rigenerare la Reattività in ruolo Trasgressivo.
Per agganciarti la femmina ti può entrare sul Pathos solo in ruolo Passivo.

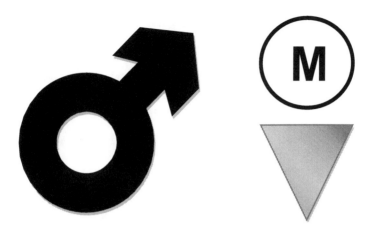

MASCHIO
EGO-MASCHIO-TRIANGOLO

Tipologia: Bipolare (ha l'ex conflittualità uguale al penalizzante); Avere Alterato (il maschio stimolato Triangolo è sempre Alterato);
Sei: Un Avere che ragiona da essere: emotivamente ami possedere, logicamente ami desiderare;
Causa dei dolori: la attribuisce a nessuno o a entrambi i genitori;
Relazioni significative. Ha la Relazione Significativa egocentrica dove è annidata la sua vera sofferenza con la Regista Femmina. Avendo una sola femmina in triade vuole tutto da lei: istituzione e trasgressione. Ha la tendenza a scegliere femmine più anziane di lui, ha avuto una madre troppo presente. Ha egemoni il Risentimento verso l'Oggetto di desiderio presunto e ne attribuisce le colpe a Se stesso.
Ruolo e Triade: Lui è Adulto Significativo in quanto maschio conforme alla qualità dell'Ego; Regista femmina; Elemento di Verifica maschio (Stimolatore Gratificante); Tende a giustificare i torti ricevuti essendo alterato.
Ex conflittualità: con la Madre quindi ha il sesso non conforme alla ex conflittualità per cui ha l'Antagonista Reale mentre l'Oggetto di Desiderio è solo Presunto;
Era: Genitoriale Triangolo-Asta, poi triangolo-Cerchio, infine Ego-Maschio-Triangolo.
Da Adulto significativo vuole: farsi giudicare dalla sua Regista femmina per come si comporta con gli altri maschi;

Aggancio: Ama la relazione Simmetrica; si sgancia con la relazione Complementare.
Se sei maschio entri in relazione con lui in ruolo Trasgressivo per essere E.V.;
se sei femmina, entri in relazione significativa solo in ruolo Istituzionale per essere duplicante Regista;
Piacere e Sofferenza: il Maschio Adulto Significativo di questa tipologia, essendo Alterato, trae piacere quando il suo Regista Femmina si relaziona in maniera Simmetrica con lui e in maniera Complementare con gli altri (Maschi); soffre quando il suo Regista si relaziona in maniera Complementare con lui o in maniera Simmetrica con gli altri;
Particolarità: in quanto Ego Maschio diffida dei maschi e, in quanto uomo, diffida anche di Se stesso e dei maschi trasgressivi, pur essendone attratto. Prova affidabilità nei confronti dei maschi istituzionali. C'è la presenza dell'amico del cuore in quanto è Bipolare.
Il maschio bipolare Triangolo, agganciando naturalmente donne Asta, si sentirà amato ma il suo coinvolgimento sarà solo logico. Viceversa, se sarà lui a scegliere una donna Triangolo, sentirà di amare ma sarà corrisposto solo a livello logico, non a livello emotivo.
Anatema: è gradualmente sensibile all'Anatema Impotente, in quanto maschio con la ex conflittualità materna che lo giudicava per come si comportava con le femmine.
Chiavi: E' la FEMMINA che regola la sua Emotività. Appaga in ruolo attivo e RIGENERA in ruolo PASSIVO. E' invece il MASCHIO che regola la sua Reattività. Appaga in ruolo passivo e RIGENERA in ruolo ATTIVO.

Vuoi: la femmina in ruolo PASSIVO per rigenerare il Pathos in ruolo Istituzionale; vuoi il maschio in ruolo ATTIVO per rigenerare la Reattività, in ruolo Trasgressivo.
Per agganciarti il maschio ti può entrare sul Pathos solo in ruolo gradualmente Attivo.

PARTE QUARTA

DINAMICHE ANALOGICHE NELLE COPPIE
(strutture egocentriche)

LE COPPIE COMUNI
(Ego Base)

MASCHIO   FEMMINA

  REGISTA = MASCHIO   REGISTA = FEMMINA
A.S. = LUI   A.S. = LEI
 E.V. = FEMMINA   E.V. = MASCHIO

Entrambi sono Adulti Significativi
Entrambi sono Base
Entrambi hanno l'Antagonista Reale e l'Oggetto Desiderio Presunto
Entrambi li agganci con il ricatto
Entrambi diffidano delle persone del proprio sesso
Entrambi hanno la relazione significativa Omologa
Entrambi hanno un solo elemento di sesso opposto in Triade ma trasgressivo

LE COPPIE COMUNI
(Ego Alterate)

MASCHIO

REGISTA = LUI
A.S. = FEMMINA
E.V. = MASCHIO

FEMMINA

REGISTA = LEI
A.S. = MASCHIO
E.V. = FEMMINA

Entrambi sono Registi
Entrambi sono Alterati
Entrambi hanno l'Oggetto Desiderio Reale e l'Antagonista Presunto
Entrambi li agganci con il baratto
Entrambi diffidano del sesso opposto
Entrambi hanno la relazione significativa Eterologa
Entrambi hanno un solo elemento di sesso opposto in Triade

LE COPPIE DOPPIE
(Ego-Base Bipolari Avere)

MASCHIO

REGISTA = LUI
A.S. = FEMMINA
E.V. = FEMMINA

FEMMINA

REGISTA = LEI
A.S. = MASCHIO
E.V. = MASCHIO

Entrambi sono Registi
Entrambi sono Base
Entrambi hanno l'Oggetto Desiderio Reale e l'Antagonista presunto
Entrambi li agganci con il ricatto
Entrambi diffidano delle persone del sesso opposto
Hanno la relazione significativa Eterologa
Hanno DUE elementi di sesso opposto in Triade: istituzionale e trasgressivo

LE COPPIE SPAIATE
(Ego-Alterate Bipolari Avere)

MASCHIO   FEMMINA

   REGISTA = FEMMINA   REGISTA = MASCHIO
A.S. = LUI   A.S. = LEI
   E.V. = MASCHIO   E.V. = FEMMINA

Entrambi sono Adulti Significativi
Entrambi sono Alterati
Entrambi hanno l'Antagonista Reale e l'Oggetto di desiderio presunto
Entrambi li agganci quando riescono a impostare un baratto
Entrambi diffidano delle persone del proprio sesso
Hanno la relazione significativa Eterologa
Hanno DUE elementi dello stesso sesso in Triade di cui uno sono Loro Stessi

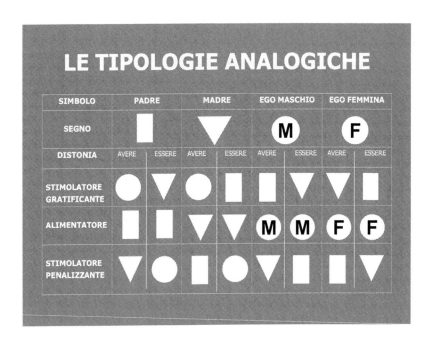

Stefano Benemeglio con Vanni Ligasacchi

Vanni Ligasacchi tiene incontri di presentazione delle discipline analogiche e della sua opera.
Se siete interessati ad organizzare eventi scrivete a questo indirizzo ligasacchivanni@libero.it

Tutte le informazioni presenti in questo libro sono soltanto per propositi formativi. Nessuna delle informazioni in esso contenute vuole essere una diagnosi, una prescrizione, una ipnosi o intende sostituirsi ad un consiglio o trattamento medico, psicologico o psicoterapeutico.

Printed by Amazon Italia Logistica S.r.l.
Torrazza Piemonte (TO), Italy

53856624R00104